아들아 성교육 하자

건강한 성 관점을 가진 아들로 키우는 55가지 성교육법

아들아 성교육 하자

초판 1쇄 발행 2021년 6월 3일
초판 6쇄 발행 2024년 9월 30일

지은이 이석원

발행인 백유미 조영석

발행처 (주)라온아시아
주소 서울특별시 서초구 방배로 스파크플러스 3F

등록 2016년 7월 5일 제 2016-000141호
전화 070-7600-8230 **팩스** 070-4754-2473

값 14,300원
ISBN 979-11-91283-51-8 (14370)
979-11-91283-50-1 (세트)

※ 라온북은 (주)라온아시아의 퍼스널 브랜드입니다.

※ 잘못된 책은 구입하신 서점에서 바꾸어 드립니다.

라온북은 독자 여러분의 소중한 원고를 기다리고 있습니다. (raonbook@raonasia.co.kr)

아들아 성교육하자

건강한 성 관점을 가진
아들로 키우는 55가지 성교육법

이석원 지음

RAON BOOK

프롤로그

성교육이 아들의 인생을 좌우한다

2020년, 《세상 쉬운 우리 아이 성교육》을 출간하고 전국에서 많은 관심과 사랑을 받았다. 출간한 지 이틀 만에 2쇄를 찍었고 한 육아종합지원센터에서는 무려 700권을 구입했다. 이 책은 현재까지 1만부 넘게 판매되었으며 베스트셀러로 순항 중이다. 출간 이후 MBC 〈생방송 오늘 아침〉에서 전 국민을 대상으로 성교육을 했다. 책을 읽고 나서 변화된 양육자들에게 "진짜 현실적인 성교육 책이었습니다", "저에게는 아이와 소통할 수 있었던 인생 책이었어요", "덕분에 아이 성교육에 자신감을 얻었고 바로 실천했어요. 감사합니다"라는 말을 들었을 때가 가장 보람되고 뿌듯했다.

온·오프라인으로 30만 명 이상을 만나며 특히 아들을 키우는 엄마들의 고민을 많이 듣게 되었다. 한 엄마는 "저와 성별이 다른 아들을 어떻게 성교육을 해야 할지 모르겠어요. 남자아이는 어떻게 성교육을 해야 할까요?"라고 고민을 털어놓기도 했다.

엄마뿐만 아니라 아빠 역시 마찬가지로 아들 성교육을 어떻게 해야 할지 막막함을 느꼈다. 아들만 세 명을 키우는 한 아빠는 연차를 내고 강의를 들으러 왔다. "혹시 아들이 성폭력 가해자가 될까 봐 너무 불안합니다. 아무리 공부 잘하고 성공했어도 성문제가 터지면 그동안 쌓아 올린 게 한 번에 와르르 무너지잖아요. 이제는 성교육이 우리 아이의 인생을 좌우할 수 있다고 생각해요. 성교육이 인성교육이라는 강사님의 말씀이 깊이 공감합니다"라며 성교육의 중요성에 대해 말했다.

요즘 아들을 키우는 양육자들은 아이가 혹시나 성폭력에 연루될까 봐 불안하고 걱정하고 있다. 그러나 어떻게 성교육을 해야 할지 어려워하고 있다. 그동안 교육 현장에서 이런 양육자들의 막막한 고민을 들으며 명쾌한 해결 방법을 안내하고자 이번 책을 집필하게 되었다.

텔레그램 n번방 사건, 성폭력의 경계가 없어졌다

2020년에 코로나19와 더불어 세상을 가장 떠들썩하게 만든 사건이 발생했다. 바로 텔레그램 n번방 성착취 사건이었다. n번방 사건은 피해자뿐만 아니라 가해자들도 10대가 많았다. 디스코드 내 성착취물 채널 운영자와 유포자의 대부분은 미성년자로 확인됐으며, 직접 채널까지 운영한 이들 중에는 만 12세의 촉법소년도 있었다. 게다가 '불법합성 범죄(지인 능욕)'이라고도 불리는 이른바 '딥페이크(인공지능이 서로 다른 영상들을 매우 자연스럽게 합성하는 기술, '딥러닝'과 '가짜'의 합성어) 범죄'에 휘말린 10대 피해자도 있었다. 지금의 어른과 양육자들이 보면 세상 기가 막힐 노릇이다.

코로나19로 인해 온라인으로 수업을 듣는 아이들이 많아졌고 이에 따라 디지털 성범죄에 대한 위험에 크게 노출되어 있다. 디지털 성범죄의 무서운 점은 '성폭력에 대한 경계가 없어져 버린 것이다'. 이제는 내 아이가 집에서 언제든, 아니 바로 지금 이 순간에도 성폭력 피해자 또는 가해자가 될 수 있다. 특히 10대 청소년들이 주 타깃인 디지털 성범죄의 증가는 정말로 심각하다. 이제 성교육을 통해 아이들에게 성에 대한 건강한 분별력과 판단력을 길러줘야 한다.

아들 성교육, 언제까지 미룰 것인가? 후회하기 전에 당장 시작하라!

현재 아이들은 KTX 속도로 성을 빠르게 배운다. 그런데 우리 어른, 양육자는 어떤가? 아직 새마을호, 무궁화호에 머물며 아이들에게 어떻게 성교육을 해야 할지 방황하고 있다. 빠르게 변하는 세상과 아이들의 속도에 맞춰 양육자가 먼저 성을 공부하고 준비해야 한다.

자녀 성교육은 그 어떤 곳보다 가정에서 양육자가 하는 게 중요하다. 학교나 기관에서는 아직 성교육을 충분히 해주지 못하고 있는 실정이고, 아이들이 가장 영향을 많이 받는 곳이 가정이기 때문이다. 특히 지금은 아이들이 스마트폰과 온라인으로 무차별적으로 자극적이고 왜곡된 성을 접하고 있다. 이런 매체로 인해 자연스럽게 성차별과 성폭력에 조금씩 무감각해지고 있으며 성범죄 사건이 비일비재하게 터지고 있다. "설마 내 아이가 그러겠어?"라는 안일한 생각으로 미뤄서는 절대 안 된다.

많은 양육자가 항상 문제가 터지고 나서야 성교육의 중요성을 깨닫는다. 내 아이가 성폭력에 연루되었을 때 이들은 하늘이 무너질 정도로 절망하고 자책한다. 고통에 흐느끼는 양육자들의 울음소리를 들을 때마다 무거운 책임감을 느낀다. 더는 이런 문제가 생기지 않도록 가정에서 성교육을 시작해야 한다.

아들아, 성교육 하자!

이 책은 아이와 성을 주제로 소통하고 대화하는 방법을 담고 있다. 양육자들이 성교육에 관해 궁금해하는 것들을 질문과 답변 형식으로 풀었으며, 성에 대한 아이들의 궁금증 또한 해소해주는 종합안내서다. 또한 '성교육은 실전이자, 실천이다'라는 원칙으로 문제 제기를 넘어서 실생활에서 잘 대처하고 해결하는 방법까지 상세히 안내한다.

아이에게 어떻게 성교육을 해야 할지 고민되거나 막막한 분들의 고민을 뻥 뚫어주는 책이 될 것이라고 감히 단언한다. 이 책을 통해 그동안 막막했던 성을 주제로 자녀와 소통하는 방법을 배우고, 자녀에게 가장 훌륭하고 가까운 성교육 전문가가 될 수 있을 것이다.

이 책의 특징은 크게 세 가지다. 첫째, 성교육의 최신 트렌드를 반영했고 다양하고 풍부한 사례를 담아 처음 읽는 누구라도 쉽게 이해할 수 있도록 했다. 둘째, 양육자들이 걱정하는 성폭력에 대한 감수성을 높이고 올바르게 해결하는 방법에 대해 담았다. 특히 요즘 문제가 심각해지고 있는 디지털 성범죄에 대한 다양한 사례와 대처 방법을 담았다. 셋째, 책을 읽는 것에서만 그치는 것이 아니라 바로 생활에 적용할 수 있도록 구체적인 '행동 방안'을 제시했다. 배운 것을 생활에 적용하고 활용할 수 있어야 진짜 내 것이 된다.

책은 총 5장으로 구성되어 있다. 1장은 성교육을 시작하기 앞서서 양육자가 가져야 할 기본적인 성 태도와 마인드에 관해 이야기한다. 아들 성교육이 왜 중요하고 필요한지를 말하고 현재 트렌드에 맞는 성교육의 방향과 노하우를 담았다.

2~3장 사춘기 이전과 사춘기 이후로 나누어 각 시기에 맞는 핵심적인 성교육 방법을 제시한다. 양육자들이 궁금해하는 성 질문에 대해 속 시원하게 알려드린다. 4장은 아이가 성폭력 피해자, 가해자가 되었을 때와 디지털 성범죄에 대한 현실적인 예방과 대처 방법을 담았다.

5장에서는 아이들이 궁금해하는 주제지만 양육자가 잘 몰라 대답하기 힘들었던 질문과 답변을 담았다. 이 책은 다 읽고 나서도 궁금한 부분이 있다면 언제든 책을 펴서 쉽게 볼 수 있도록 구성했다.

언제나 성교육이 먼저다!

이제는 성교육이 누구에게나 필요하고 중요하다는 사실을 절감하고 있다. 다만 그 방법에 대해 아직 잘 모를 뿐이다. 성교육은 '가치관 교육'이라 생활 속에서 실천이 뒤따라야 효과를 본다. 영어와 운동처럼 글로만 배우지 않고 직접 실천해야 성공할 수 있다. 소중한 시간을 투자해서 이 책을 읽기로 했다면 능동적이고 주체적으로 읽고 실천하길 바란다. 아들을 키우는 양육자라도 이 책과 함께 나온 《딸아 성교육 하자》를 같이 읽으면 아들에게 더 포괄적이고 풍성한 성교육을 해줄 수 있을 것이다.

나는 세상의 모든 양육자를 존경한다. 양육자는 마치 등대와 같다. 등대는 앞이 보이지 않아 방황하는 배가 안전하게 들어올 수 있도록 밤새도록 불을 밝힌다. 양육자 역시 아이라는 배가 항구에 안전하게 들어올 수 있도록 길을 비춰준다. 성교육이 막막하고 어려운 분에게 이 책이 등대처럼 한 줄기 빛과 같은 희망이 되기를 바란다.

나의 비전은 전국의 모든 양육자가 아이에게 성교육을 잘할 수 있도록 돕는 것이다. '성교육은 나를 사랑하고 내 아이를 가장 올바르게 사랑하는 방법'이다. 이 책을 통해 현재 트렌드에 맞는 성교육 방법을 익히고 성교육에 성공하길 바란다.

이석원

차 례

2장

성교육, 빠를수록 좋다

3장

10대 아들, 성 관념을 바로 잡아라

4장

성폭력, 누구도 예외가 될 수 없다

5장 아들이 궁금해하는 성 궁금증 11

성 지식 체크리스트

문항	문항 내용	○	×
1	발기 없이 사정하는 경우도 있다.		
2	남성의 귀두와 여성의 음핵은 상동기관이다.		
3	자위나 성관계를 많이 하면 성기 모양이나 색깔이 변할 수 있다.		
4	멋진 남자는 여성을 잘 챙겨주고 보호해주는 남자다.		
5	자위하면 키가 크지 않는다.		
6	남성이 성기가 클수록 여성은 성적 만족을 더 강하게 느낀다.		
7	질외사정을 하면 임신이 되지 않는다.		
8	남성은 평생 정자를 만들어낸다.		
9	남성은 사춘기가 되면 꼭 몽정한다.		
10	청소년이 콘돔을 구입할 수 있다.		
11	응급피임약을 구입하기 위해서는 처방전이 필요하다.		
12	에이즈 환자와 악수나 포옹을 하면 에이즈에 걸릴 수 있다.		
13	키스로도 성병에 걸릴 수 있다.		
14	불법촬영물은 소지·시청만 해도 처벌될 수 있다.		
15	성폭력은 남성의 참을 수 없는 성 욕구로 인해 발생한다.		

답

1	○	2	○	3	×	4	×	5	×
6	×	7	×	8	×	9	×	10	○
11	○	12	×	13	○	14	○	15	×

결과 보기(맞은 개수)

11~15개 : 건강한 초록불! 성에 대해 편견 없이 건강한 지식을 가지고 있다. 자신의 건강한 성 가치관을 주변에 널리 알려주자.

6~10개 : 공부의 노란불! 성에 대한 건강한 지식은 있지만, 조금 더 노력이 필요하다.

0~5개 : 노력의 빨간불! 이제부터 성을 공부하고 건강한 성 지식을 갖기 위해 노력해보자.

1장

아들 성교육, 민망해하지 마라

성교육은 양육자에게 먼저 필요하다

성교육은 양육자와 자녀 중 누구에게 먼저 필요할까? 물론 둘 다 필요하지만, 나는 양육자 성교육이 '1억 배 더 중요하다'고 생각한다. 그 이유는 두 가지다. 첫째, 양육자가 성에 대해 잘 모르면 아이가 묻는 성 질문이나 행동에 제대로 대처할 수 없기 때문이다. 둘째, 아무리 자녀에게 성교육을 잘해도 양육자가 가정에서 지키지 못하면 교육 효과가 크게 떨어지기 때문이다.

학교에서 다른 사람의 몸을 만질 때는 물어보고 동의를 얻어야 한다고 성교육을 받았다. 그런데 집에서 양육자가 아이의 동의 없이 몸을 계속 만지면 어떨까? 아이가 싫다고 하는데도 억지로 만지면 아이들은 혼란에 빠진다. 학교에서는 동의를 얻고 존중하라고 배웠는데, 집에서는 양육자가 존중하지 않기 때문이다. 강의를 통해 30만 명이 넘는 대중들을 만나면서 양육자에 대한 성교육을 더욱 절실하게 느꼈다.

성교육을 받은 적이 없는 양육자, 지도 방법을 모른다

양육자들이 성에 대해 모르는 것은 어쩌면 당연하다. 양육자조차 성교육을 제대로 받은 적이 없기 때문이다. 내가 어렸을 때는 성교육 수업조차 제대로 하지 않았다. 정자와 난자가 만나는 영상 하나를 본 것이 전부였다. 성교육 시간에는 대부분의 학생들이 엎드려서 잤다. 실제로 강의 현장을 나가면 성교육을 단 한 번도 받지 못한 분들도 자주 만난다. 성에 대해 제대로 배운 적이 없으니 자녀 성교육을 하는 게 막막하고 어려울 수밖에 없을 것이다.

EBS 〈LIVE TALK 부모〉 프로그램에서 '성교육, 이래서 어렵다!'를 주제로 양육자에게 설문조사를 한 적이 있다. 그 결과 77%의 양육자가 '지도 방법을 몰라서'를 성교육 어려움의 이유 1위로 꼽았다. 압도적으로 많은 양육자들이 자녀에게 성교육이 필요하다는 것은 알고 있지만 어떻게 교육할지를 모른다는 의견을 내놓았다. 성에 대해 잘 모르는 양육자들에게 성교육에 대해 제대로 알려줄 책과 강사가 필요하다는 것을 여실히 보여주는 결과였다.

양육자가 성교육에 대해 오해하는 두 가지 이유

양육자가 성에 대해 잘 모른다

양육자부터 제대로 성교육을 받은 적이 없다. 이런 상황에서 성범죄에 관한 기사들이 연이어 쏟아진다. 성에 관한 기사를 볼 때마다 불안하고 성은 알면 안 되고 조심해야 하는 거로 생각한다. 그래서 성에 대해 호기심을 갖거나 성교육을 하는 것을 부정적으로 본다.

성을 성기와 행위 위주로만 생각한다

보통 성이라고 하면 19금 영화나 포르노에 나오는 섹스 장면을 생각한다. 배우들이 옷을 벗고 성관계를 하므로 뭔가 민망하고 부끄럽다. 그래서 성교육을 통해 혹시 이런 내용을 아이들이 배우고 따라 할까 봐 걱정하는 것이다.

이런 양육자의 걱정과 염려가 아이들이 제때 알아야 할 성에 대한 배움을 막아버린다. 가장 안타까운 것은 그렇게 미루다 나중에 꼭 문제가 터졌을 때 전문가를 찾아가는 것이다. 성(性)은 성관계뿐만 아니라 그 안에 인성, 사랑, 생명, 존중, 평등, 책임 등 다양한 가치를 내포하고 있다. 성교육은 이러한 것을 이해하고 존중하는 방법을 알려준다.

상처받은 아이, 양육자의 성교육이 필요한 이유

양육자가 성에 대해 잘 알지 못해 상처받아서 SNS 메신저로 상담을 요청한 아이가 있었다. 초등학교에서 내 성교육을 들었던 5학년 아이였다. 어느 날 아이가 유튜브를 보면서 영어 공부를 하고 있었다. 그사이 양육자는 마트에 장을 보러 나갔다. 아이는 공부를 하다가 피곤해서 잠깐 잠이 들었다. 양육자는 장을 보고 들어왔는데, 아이 방에서 이상한 소리가 나와 들어가 보니 아이 스마트폰에서 외국의 음란 영상이 나오고 있었다.

양육자는 당장 아이를 깨웠다. "너는 이제 하다하다 영어로 된 음란물을 보니? 너 이러려고 영어 공부한 거야?"라고 아이를 크게 혼냈다. 전후 사정은 묻지 않은 채 다짜고짜 아이에게 화부터 냈다. 알고 보니 유튜브의 '자동재생(영상이 끝나면 다음으로 넘어가는 기능)' 때문에 그런 것이었다. 아이는 자신이 보고 싶어서 본 것도 아니었는데 너무 억울하다며 몇 번이나 대화를 시도하려고 했지만, 양육자는 들어주지 않았고 결국 스마트폰까지 뺏겼다.

아이의 이야기를 들어주면서 참 억울하겠다며 네 잘못이 아니라고 달래주었다. 아이가 양육자를 믿지 못하고 관계마저 무너질까 걱정되었다. 단지 이상한 영상이 나온다는 이유만으로 아이는 존중받지 못했다. 양육자가 먼저 성을 배우고 음란물 대처 방법만 알았어도 절대 혼내지 않았을 것이다. 아이는 이런 이야기를 그나마 선생님에게 할 수 있어서 다행이라고 말했다.

이제 양육자가 먼저 공부하고 자녀 성교육을 하자

지금까지는 성교육을 받아본 적 없기 때문에 성을 모르는 것이 당연하다. 하지만 이제 더 이상 성교육을 미루면 안 된다. 지금과 같은 온라인 세상에서는 아이들이 양육자보다 더 빨리 성을 접하기 때문이다. 양육자보다 성을 훨씬 더 잘 아는 아이들도 있다. 이제 양육자가 먼저 성을 공부하며 준비하고 대비해야 한다. 그래야 언제, 어떻게 나올지 모르는 자녀의 성에 대한 질문과 행동에 자연스럽게 대처할 수 있다.

세상에서 내 아이에게 가장 좋은 성교육 전문가가 누굴까? 바로 '양육자'다. 이 책을 읽고 있는 당신도 내 아이에게만큼은 꼭 제대로 된 성교육을 해주고 싶을 것이다. 양육자는 자녀에게 올바른 성 개념과 가치관을 심어줄 의무가 있다. 가치관의 사전적 의미는 '인간이 삶이나 어떤 대상에 대해 무엇이 좋고, 옳고, 바람직한지를 판단하는 관점'이다. 양육자는 자녀가 성을 바라보는 판단의 기준을 잘 세우도록 가르쳐주어야 한다.

무엇을 하든 '시작이 반'이다. 지금 이 책을 읽고 있는 당신은 이미 반은 성공한 셈이다. 더는 내 아이의 성교육을 방임하지 말자. 양육자가 성교육의 주체가 될 때 자녀는 어릴 때부터 건강한 성 가치관과 태도를 갖게 될 것이다.

아들 성교육, 언제부터 시작해야 할까?

교육 현장에서 성교육을 언제부터 시작하면 좋을지에 대한 질문을 자주 받는다. 당신은 성교육을 언제부터 시작해야 한다고 생각하는가? 보통 현장에서 이 질문을 하면 "유아 때부터 일찍 시작할수록 좋을 것 같아요", "아직 초등학생인데 좀 빠른 거 같아요" 등 양육자마다 다양한 답변을 내놓는다.

유네스코 5세부터 권고, 성교육은 빠를수록 좋다

유네스코에서 발간한 〈국제 성교육 지침서〉에 따르면 5세부터 시작하라고 권고한다. 보고서는 어린이를 5~8세, 9~12세, 12~15세, 15~19세 4개 그룹으로 나누어 각 나이에 적합한 성교육 가이드라인을 제공한다. 보통 5세가 되면 성적으로 발달하기 때문에 아이들은 자신의 신체 부위에 대한 정확한 이름을 알아야 한다고 했다. 성교육은 빠르면 빠를수록 좋다. 요즘은 SNS나 미디어의 발달로 인해 유아도 음란물에 노출되고 있다. 음란물을 통해 자극적인 성에 노출되기 전에 성교육을 통해 정확한 성 지식을 전하고 '분별력'과 '판단력'을 길러주어야 한다.

성교육은 태어나면서부터, 일상에서 시작해야 한다

성교육의 시작은 아이가 태어나면서부터이다. 성교육은 어느 날 갑자기 '이제 해야겠다!'라고 마음먹고 시작하는 것이 아니다. 그러면 아이와 양육자 모두 부담스럽다. 아이가 배 속에 있을 때 태교를 하는 것처럼 양육자와 함께 시간을 보내고 일상에서 느끼는 모든 것이 성교육이 될 수 있다.

일단 편하고 쉬운 것부터 시작해보자. 예를 들어 아이를 씻길 때 소중한 곳(음경, 음순)의 이름을 알려주는 것도 좋다. 양육자가 어린 시절 몽정, 월경 경험이나 연애에 관한 이야기를 하는 것도 자연스러운 방법이다. 시작이 반이라고 처음이 조금 어려울 뿐이지 막상 해보면 쉽다.

일상적인 대화를 꾸준히 하며 아이와 신뢰 관계를 만들어간다면 성이 어색하거나 불편한 주제라고 느끼지 않을 것이다. 양육자와 아이의 성에 관한 대화는 아이가 성 가치관을 건강하고 안정적으로 형성하는 데 도움이 된다. 일상적인 대화를 통해 양육자와 아이의 관계는 더욱 친밀해진다. 성교육 책을 구입해서 함께 읽는 것도 좋은 방법이다.

임신 중 태교로 성교육을 들으러 온 부부

전국으로 강의를 다니면 아이를 키우는 양육자뿐만이 아니라 임신 중인 분들도 만난다. 예전에 강의에서 만났던 한 산모는 남편과 함께 성교육을 들으러 왔다. 아직 출산 전인데 어떻게 성교육을 벌써 들으러 왔냐고 물어봤다. 그 산모는 이렇게 답했다.

"강사님, 저도 성교육을 받아본 적이 없어 미리 준비하려고 왔습니다. 많은 분들이 성교육이 막막하고 어렵다고 하는데, 지금부터 미리 준비해야 나중에 잘 교육할 수 있지 않을까요? 지금 저희 남편도 성교육 책을 보면서 틈틈이 공부하고 있어요."

"와, 훌륭하시네요!" 그 당시 나뿐만 아니라 현장에 있는 모든 분들이 우레와 같은 박수를 보냈다. 보통 영어나 수학도 아이가 일정 나이가 되었을 때 시작하는데, 그들은 벌써 성교육을 준비한다고 하니 존경스럽고 대단해 보였다. 그들을 보면서 성교육의 시작은 양육자의 '마음가짐과 태도'에 달렸다는 것을 깨달았다. 이렇게 성교육을 미리 준비하는 양육자는 나중에 편안하고 자연스럽게 성교육을 할 수 있다.

성교육을 언제부터 해야 하는지 고민만 하다 보면 결국 시기를 놓친다. 성교육을 일상과 동떨어진 교육이 아니라 바로 가정 안에서 시작하는 생활교육으로 바라보자. 오늘 아이를 따뜻하게 안아주며 성에 관한 대화를 해보면 어떨까? 자연스럽게 일상적인 대화를 나누는 것, 그것이 바로 성교육의 시작이다.

아들 성교육, 엄마만의 역할이 아니다

양육자 대상으로 성교육을 나가면 98% 이상이 엄마다. 엄마들이 내 강의를 들으면 항상 아빠부터 성교육을 받아야 한다며 하소연을 한다. 자녀가 싫어하는데도 아빠가 집에서 홀딱 벗고 편하게 돌아다니거나 자녀 성교육에 무관심하기 때문이다. 물론 모든 아빠가 그렇지는 않다. 엄마보다 더 관심을 가지고 성교육을 잘하는 아빠도 있지만 아쉽게도 가뭄에 콩 나듯이 드물다.

성교육을 부모 모두 해야 하는 이유

성교육은 부모가 함께해야 효과가 높다. 그래야 자녀가 성에 대한 균형이 잡히고 평등한 시각을 갖기 때문이다. 성교육은 가치관의 교육이기 때문에 단순히 지식을 전달하는 것이 아니라 함께 대화하는 것이 중요하다. 하지만 엄마가 노력해서 자녀와 몇 번의 대화를 했다고 성교육이 끝나는 것이 아니다.

일상생활에서 성에 관한 주제와 고민을 나눌 수 있는 분위기가 만들어져야 한다. 엄마 혼자만이 아닌 아빠가 함께할 때 이러한 분위기를 더 수월하게 만들 수 있다. 그래서 아빠가 가정에서 어떤 역할을 맡고 행동하는지가 중요하다.

자녀가 성에 대해 균형 잡히고 건강한 가치관을 갖기 위해서는 아빠가 육아와 가사에 적극적으로 참여하고 자녀에게 성교육을 해야 한다. 이런 과정을 통해 아빠와 자녀 사이가 조금씩 친밀해진다. 일상생활에서 부모가 함께하는 것이 바로 성교육이다.

북유럽에서 배우는 아빠 성교육의 중요성

한국과 달리 스웨덴, 노르웨이, 핀란드 등 북유럽 국가에는 '전 국민 성교육' 체계가 이미 자리 잡혀 있다. 성교육 분야에서 세계 최고라는 평가를 받는 북유럽의 이른바 '스칸디 대디' 스타일의 성교육을 진행하고 있다. 스칸디 대디란 북유럽의 자녀 양육 방식을 따르는 유형의 아빠를 일컫는다. 자녀와의 평등한 관계 속에서 정서적 안정과 자율성을 중요하게 여긴다.

"스칸디 대디는 '성에 대해 개방적인 태도를 가져라'고 가르친다. 스칸디 대디는 아이들에게 성교육 책을 매일 한 장씩 읽어주는 자상한 아빠다. 북유럽 국가는 6, 7세가 되면 성교육을 시작하고 15세가 되면 피임교육을 의무적으로 한다. 핀란드에서 15세가 되면 콘돔이 들어있는 '성교육용 선물꾸러미'를 자동으로 받는다. 그 결과 10대 임신율은 세계 최저다."(김영화, 〈15세면 콘돔 자동선물…10대 임신율이 '헉'〉, 동아일보, 2013. 2. 28.)

북유럽 국가 중 스웨덴은 최초로 성교육을 실시한 국가이며 세계에서 성교육이 가장 발달한 나라다. 스웨덴은 특히 아빠의 육아 참여가 활발한 나라인데 '라테파파'라는 말이 있다. '라테파파'란 한 손에는 커피를, 한 손에는 유아차(유모차의 '모'는 '어미 모母'다. 엄마만 유모차를 끌고 다닌다는 고정관념을 주기 때문에 요즘은 유아차라고 표현하고 있다)를 끌고 다니는 육아에 적극적인 아빠를 일컫는다. 스웨덴의 라테파파 육아법은 특별한 기법이 있는 것이 아니다. 아빠가 최대한 육아에 많이 참여하고 아이들에게 집중하고 시간을 쏟는 것이다. 육아에 참여한다는 것은 자녀와 함께하고 소통하는 시간을 늘린다는 것과 같다.

이제 부모가 함께 성교육을 시작하자

전국으로 강의를 다니며 초등학교 남성 학부모 회장을 만난 적이 있다. 초등학교만 수백 군데를 다녔지만, 남성 회장은 처음 봤다. 학교 성교육 프로그램에 휴가를 내고 참여할 정도로 성교육에 관심이 많았고 아들 성교육도 자연스럽게 잘하고 있었다.

그 방법에 대해 궁금해서 여쭤봤더니 이렇게 말했다.

"처음에는 저도 어떻게 시작해야 할지 몰랐어요. 우선 아이와 밥 먹는 것부터 시작해 함께하는 시간을 늘렸습니다. 주말이면 항상 같이 밖에 나가서 놀았어요. 그리고 차근차근 성에 관한 대화를 시작하니 점점 자연스럽게 친해졌어요. 지금은 몽정이나 자위에 대해서도 편하게 얘기를 나누고, 둘이 여행도 자주 다닙니다."

이렇듯 엄마뿐만 아니라 아빠도 자녀에게 관심을 갖고 성교육을 하는 것이 중요하다. 성교육에 긍정적인 효과를 얻을 뿐만 아니라 덤으로 자녀와 친밀해질 수 있다.

가정에서 자녀는 부모의 성역할, 성 태도를 배우며 성장한다. 부모는 아이가 성에 대해 궁금한 것이 있을 때 언제든지 물어볼 수 있는 창구 역할을 해야 한다. 특히 엄마보다 아빠가 같은 남성의 몸(몽정, 발기 등)에 대해 공감하고 알려주기 쉽다. 성교육도 육아와 마찬가지로 도와주는 것이 아니라 함께하는 것이다. 이제 성교육은 엄마만의 역할이 아니라 모두의 역할이라는 것을 꼭 기억하고 시작하자.

건강하고 편안한 태도가 중요하다

그동안 7,000회 이상 교육을 진행하며 수많은 양육자들을 만났다. 수많은 강의를 진행하며 성교육에서 가장 중요한 것 하나를 꼽는다면 어김없이 '태도'라고 말한다. 성교육은 단순히 지식을 전달하는 것이 아니라 가치관과 태도에 대한 교육이기 때문이다.

아무리 성 지식 척척박사라 할지라도 태도가 자연스럽고 편안하지 않으면 교육하기 힘들다. 성 지식에서 나보다 훨씬 깊이 있게 아는 박사나 의사들도 자녀 성교육은 막막하고 어렵다고 토로한다. 막상 성교육을 하려고 하면 자신도 모르게 조심하라거나 하지 말라는 말이 먼저 나온다고 한다.

백종원, 강형욱, 오은영 교육의 공통점은?

한국에서는 다양한 분야에서 문제를 해결해주는 전문가들이 있다. 장사는 백종원 대표, 반려견은 강형욱 훈련사, 육아는 오은영 박사다. 나는 백종원의 SBS 〈골목 식당〉, 강형욱 훈련사의 KBS 〈개는 훌륭하다〉, 오은영 박사의 채널A 〈금쪽같은 내 새끼〉 등의 애청자로서 많이 배우고 있다.

이 프로그램에서 전문가들의 교육 방법을 유심히 지켜보며 하나의 공통점을 발견했다. 바로 교육을 받는 사람의 '태도'를 변화시키는 것이다. 예를 들어 〈개는 훌륭하다〉에서는 반려견을 키우며 어려움을 겪고 있는 보호자에게 강형욱 훈련사가 찾아가 솔루션을 제공한다. 보통 반려견에게 일어나는 문제는 반려견이 아니라 보호자의 미숙함으로 발생한다. 보호자가 반려견을 키우는 방법을 자세히 모르기 때문이다.

동물복지 선진국인 독일은 필기시험과 실기시험으로 구성된 자격증 시험을 통과해야 반려견을 입양할 수 있다. 한 생명을 양육하는 만큼 철저한 공부와 준비가 필요하다는 것이다. 강형욱 훈련사는 반려견에 맞는 적절한 훈련법과 태도를 보호자에게 알려주며 문제를 해결한다.

〈금쪽같은 내 새끼〉의 오은영 박사도 마찬가지다. 보통 아이의 문제를 자세히 살펴보면 그 문제는 양육자에게서 시작된다. 오은영 박사는 양육자에게 먼저 적절한 양육 방법과 태도에 관해 설명하며 육아 솔루션을 제공한다. 〈골목 식당〉에서 백종원 대표는 솔루션을 제공하고 그 이후에도 잘하고 있는지 중간 점검까지 한다. 아무리 좋은 솔루션을 받았어도 주인의 태도가 지속적으로 변하지 않으면 원래대로 돌아가기 마련이다. 좋은 태도를 꾸준히 유지하는 곳은 장사가 잘된다.

이 세 사람의 분야는 각각 다르지만 항상 '태도'의 중요성에 관해 이야기한다. 태도의 사전적 의미를 찾아보면 '어떤 일이나 상황을 대하는 마음가짐 또는 그 마음가짐이 드러난 자세'라고 나온다. 결국 건강한 마음가짐과 자세가 문제를 해결하는 데 가장 중요하다는 것을 보여주고 있다.

성교육의 핵심 마인드 세 가지

그럼 성교육을 할 때 양육자는 어떤 마인드를 갖춰야 할까? 다음 세 가지를 기억하자.

양육자부터 성에 관해 건강하고 편안한 마음을 갖는다

내가 성에 대해 부정적이고 불편하다고 느끼면 어떨까? 그 태도가 바로 자녀 성교육을 할 때도 드러날 수 있다. 그럼 자녀들도 성에 대해 불편해하고 부정적으로 느낄 것이다. 이런 부정적인 태도를 보이면 자녀도 성에 관한 주제나 대화를 꺼내지 않을 것이다. 그래서 우선 양육자부터 성을 건강하고 편안하게 바라보는 것이 중요하다.

아이를 성적 존재로 인정하자

우리 인간은 모두 성적인 존재다. 성적인 존재라는 것은 '성적 욕구'를 가지고 있다는 것이다. 그러므로 성에 관한 질문이나 행동을 할 수 있다. 하지만 양육자는 행여 자녀가 자위나 연애 등 성에 대해 호기심을 가지면 유별나게 걱정한다. 자녀를 성적인 존재로 인정하지 않기 때문이다. 그리고 자녀가 보이는 성적인 행동에 대해 부정적인 반응을 보이거나 통제하려고 한다. 그럴수록 자녀와는 점점 멀어진다. 우선 자녀를 성적인 존재로 인정해야 자연스럽게 성교육을 할 수 있다는 것을 명심하자.

양육자가 일상생활에서 모범을 보이자

양육자는 자녀의 거울이다. 성은 일상에서 늘 존재하기에 가정에서 모범을 보이는 것이 중요하다. 자녀가 가장 영향을 많이 받는 곳은 가정이기 때문이다. 자녀의 몸을 만지거나 뽀뽀를 할 때도 동의를 구해야 한다. 내가 동의를 구하지 않고 자녀에게 동의를 구하라고 하는 것은 어불성설이다. 가정에서 양육자가 모범을 보여야 자녀도 따라서 배운다. 양육자의 행동을 자신과 동일시함으로써 양육자처럼 좋은 태도를 지니게 되는 것이다.

건강하고 편안한 태도가 성교육의 핵심이다

나는 성교육에서 태도가 중요하다는 것을 엄마를 통해 배웠다. 엄마는 성교육을 받은 적이 한 번도 없었지만 내가 성에 관해 물어보면 부정적인 태도를 보이거나 무시한 적이 없다. 혹시나 모르면 "엄마도 지금은 잘 모르는데 책을 보며 공부해볼까?"

라며 나를 존중해주었다. 책만 사서 주기보다는 책을 나와 함께 읽으려고 했다. 엄마의 이런 태도 덕분에 나는 지금도 엄마와 성에 관해 자연스럽고 편안하게 대화한다.

시흥에 사는 한 엄마는 내 성교육을 듣고 가정에서 자녀 성교육을 자연스럽게 할 수 있었다고 말했다. "강사님, 처음에는 제가 성에 관해 이야기하기가 어색하고 부끄러웠어요. 그런데 강사님 이야기를 듣고 아들을 위해 저부터 성을 건강하게 생각하기로 했습니다. 그 이후로 아들과 성에 대해 대화를 할 때 화를 내거나 무시하지 않고 잘 들어주었어요. 덕분에 자연스럽게 아들과도 더 친해졌습니다."

이렇게 양육자의 건강한 태도가 자녀를 건강하게 성장하도록 만든다. 양육자부터 성을 건강하고 편안하게 바라봐야 그 마음가짐이 자세로 드러나 아이에게 편안하게 성교육을 할 수 있다. 아이의 성에 대한 세계관이 어둡고 음침하냐, 밝고 당당하냐는 양육자의 성 인식과 성 태도에 달렸다. 그래서 양육자부터 먼저 성에 대해 공부하고 아이에게 가르쳐야 한다.

성교육은 단순히 성 지식만을 전하는 것이 아니다. 자녀가 어떤 '태도와 주관'을 가지고 살아가게 할 것인가를 교육하는 일이다. 양육자부터 건강하고 편안한 태도를 갖기 위해 지금부터 성에 대해 공부하자.

가족에게도 규칙이 필요하다, 경계 존중 교육

"제가 집에서 샤워하고 있는데, 엄마가 볼일이 급하다고 문을 확 열고 들어왔어요. 순간 너무 놀라 뒤로 넘어져서 엉덩방아를 찧어 멍이 들었습니다. 그날 제가 다친 것보다 엄마가 홀딱 벗은 제 몸을 봤다는 사실이 너무 부끄러웠어요. 화장실뿐만 아니라 엄마가 제 방에 들어올 때도 그냥 확 들어와요. 신경 쓰이고 불편합니다. 그리고 몇 번이나 싫다고 말했는데 자꾸 볼을 꼬집고 엉덩이를 막 만져요. 엄마가 진짜 이런 행동은 하지 않았으면 좋겠어요."

성교육을 통해 만난 남학생은 맺힌 게 많아 보였다. 이처럼 편안함을 느끼고 안전해야 하는 가정에서 경계가 존중받지 못하면 아이들은 심리적으로 위축되고 불안감을 느낀다. 가족이라는 이유만으로 양육자가 자녀의 경계를 침범하거나 존중하지 않을 때가 있다. 가정에서 더욱 경계가 존중되어야 한다. 그래야 자녀가 자신뿐만 아니라 다른 사람의 경계를 존중하고 지킨다. 가족에게도 규칙이 필요하다.

신체적, 정서적 경계

경계(Boundary)란 사물이 어떠한 기준에 의해 분간되는 한계를 말한다. 간단히 말해 경계는 나와 타인을 신체적, 정신적으로 보호하는 선이다.

경계는 우리 주변에 늘 존재한다. 나라와 나라 사이, 길과 길 사이, 차와 차 사이, 사람과 사람 사이, 물건과 물건 사이까지 이 모든 걸 구분해주는 것이 경계선이다. 우리의 눈에 보이든 보이지 않든 세상 모든 것에는 경계선이 존재한다.

차를 운전할 때도 보이지는 않지만, 앞과 뒤 차간 거리를 유지해야 사고를 예방할 수 있다. 이 경계선을 지키지 않거나 마음대로 넘는다면 어떻게 될까? 전쟁, 교통사고, 다툼, 폭력이 일어날 수 있다. 결국 누구라도 위험해질 수 있는 것이다.

경계는 크게 신체적 경계와 정서적 경계 두 가지로 나뉜다. 신체적 경계는 내 몸과 다른 사람의 몸에 대한 것이다. 친하지 않은데 신체 일부를 접촉하거나 허락 없이 다른 사람의 몸을 만지는 것은 신체적인 경계를 침범한 것이다. 정서적인 경계는 마음의 경계를 말한다. 외모를 평가하거나 내 몸을 쳐다보는 불쾌한 시선, 사생활을 캐묻는 것 모두 정서적인 경계를 침범한 것이다. 경계가 없으면 서로 오해를 하고 불편한 상태를 견뎌야 한다. 서로 편안하고 안전하기 위해 경계를 가지고 적당한 거리를 유지하는 것이 필요하다.

가족 간에도 경계를 함부로 침범하고 동의 없이 껴안거나 뽀뽀하면 안 된다. '경계가 무너지면 관계마저 무너질 수 있다.' 이처럼 가족 안에서 서로 간의 경계를 존중하고 규칙을 세워야 다투지 않는다.

가정에서 경계 존중 교육을 하는 방법

경계 존중 교육의 가장 좋은 방법 중 하나는 자녀가 평소 사람들과의 관계에서 자신의 감정이나 생각을 솔직하게 표현하도록 훈련하는 것이다. 좋은 감정뿐만 아니라 불편하거나 불쾌한 감정, 민망하거나 당황스러운 감정을 있는 그대로 표현하도록 교육해야 한다.

한국양성평등진흥원의 이현혜 교수는 아동 성폭력에 관한 책 《좋아서 껴안았는데, 왜?》에서 성폭력 사전 예방을 위한 '경계 존중 교육'을 다음과 같이 설명하고 있다.

> 아동 성폭력 예방을 위해 '경계'를 지키는 것이 중요해요. 자기 스스로 나의 경계를 인식하고, 다른 사람의 경계를 함부로 넘지 않는 것이 중요하답니다. 그것이 바로 자신과 상대방에 대한 존중과 배려이거든요.

가정에서 경계 존중 교육의 원칙을 세우고 다음 세 가지 방법을 자녀에게 교육하자.

첫째, 자신의 경계를 존중받고 상대방의 경계도 존중한다.

둘째, 상대방이 나의 경계를 침범하려고 할 때는 "싫어요! 안 돼요!"라고 말해도 괜찮다. 하지만 이런 말을 하지 못했다고 나의 잘못은 아니다.

셋째, 상대방의 경계에 들어가거나 만지려고 할 때는 반드시 동의(허락)를 구해야 한다. 상대방이 "싫어! 안 돼!"라고 말하면 그 감정을 존중하고 하지 않아야 한다.(《좋아서 껴안았는데, 왜?》, 이현혜, 천개의 바람, 2015)

양육자는 가정과 일상생활에서 경계 존중 교육을 아이에게 반복적으로 해야 한다. 경계에 대한 감각이 길러져야 아이들이 성폭력 상황을 빠르게 인지하고 대처할 수 있다.

'똑똑' 하는 습관이 자녀를 '똑똑'하게 만든다

양육자와 자녀 모두 경계를 존중하도록 가정과 일상생활에서 실천하면 된다. 안방, 자녀방, 화장실 등 방에 들어가기 전에는 반드시 '똑똑' 노크를 하자. 안에서 대답할 때까지 기다렸다가 허락하면 들어간다. 이렇게 '똑똑' 하는 습관이 자녀를 '똑똑'하게 만든다.

처음에는 경계를 지키는 것이 어색하고 불편할지 몰라도, 나중에는 훨씬 더 편하고 익숙해질 것이다. 코로나19 초기에는 마스크를 쓰는 것이 불편했지만 몇 개월 정도 지나자 모두 익숙하게 마스크를 쓰고 다닌다. 그게 서로의 경계와 안전을 지키는 일임을 알기 때문이다.

자녀가 경계에 대한 감각을 키우고 자기표현을 잘하려면 가정에서 대화 분위기를 만드는 것이 중요하다. 그래야 무슨 일이 일어났을 때 아이가 먼저 이야기를 꺼낼 수 있다. 편안한 분위기에서 평소 대화를 많이 하면 내 아이에게 무슨 일이 일어났는지 금방 알 수 있다. 이런 경계 감각을 키우기 위해서는 양육자의 관심과 노력이 중요하다.

'질문'을 통해 '말문'을 열어라

강의에서 자녀 성교육을 진행한 뒤에 양육자가 많이 물어보는 질문 중 하나가 "우리 아이가 성에 대해 어디까지 알고 있나요?" 하는 것이다. 양육자는 내 아이가 성에 대해 얼마나 알고 있는지 무척 궁금해한다. 혹시 아이가 잘못된 매체에 노출되거나 문제되는 행동을 했는지 걱정한다. 여기에 대해 직접 양육자가 아이에게 물어보고 싶지만 말하기도 쑥스럽고 어려워한다.

그래서 평소에 아이와 대화를 통해 성에 대한 질문을 자주 주고받는 훈련을 해야 한다. 질문하지 않는 환경에서 자란 아이들은 무슨 일이 생겨도 묻거나 대답하지 않는다. 성에 관한 궁금증이나 문제가 생겨도 양육자에게 말하지 않는 것이다. 아이와 성에 관해 질문하고 답하는 것은 그리 어렵지 않다. 좋은 질문을 통해 말문을 천천히 열면 된다.

양육자가 아이와 성 관련 대화에 실패하는 이유

보통 양육자들은 아이와 성에 대해 대화하는 것을 어려워하고 막상 시도하면 실패한다. 그 이유는 다짜고짜 돌직구처럼 질문하기 때문이다.

아들에게 성교육을 한답시고 “너 몽정은 했니?”, “너 음란물 본 적 있어?”라고 질문하면 어떨까? 아들이니까 좀 더 편하고 수월할 수 있다고 생각하는데 큰 오산이다. 아무리 양육자라도 자신의 몸이나 사생활에 대한 질문은 아이로서는 매우 불편하고 불쾌할 수 있다. 내 아이라고 이것저것 꼬치꼬치 캐묻듯이 질문하면 안 된다. 이러면 오히려 아이와의 대화가 차단되고 역효과가 날 수 있다. 우선 일상적인 대화를 통해 관계 형성부터 하는 것이 중요하다.

내가 아이들과 성 관련 대화를 잘하는 이유

서울에 있는 한 교육장으로 자주스쿨 소그룹 성교육을 나간 적이 있다. 초등학교 6학년 아이들 6명을 모아놓고 진행했다. 아이 성교육을 마친 뒤 양육자 피드백을 진행하는데, 한 어머니가 웃으며 말했다.

“강사님 저희 아들 재관이가 많이 순수하죠? 평소에 재관이가 성에 대해 너무 아는 게 없어서 알려주기 위해 이번에 성교육을 신청했어요.”

나는 이렇게 말했다. “어머님, 아드님이 저를 본 지 10분 만에 자기가 음란물 봤다고 이야기했어요."

어머님은 깜짝 놀라 눈이 동그래졌다. "네? 거짓말이죠? 제 아들이 그럴 리가 없어요. 순수한 우리 재관이가 음란물을 봤다니 상상이 안 가요."

양육자는 자녀가 성에 대해 아무것도 모르고 순수하길 바란다. 그러나 지금은 워낙 노출이 빠를뿐더러 순수한 게 좋은 것만은 아니다. 아무것도 모르는 상태에서 왜곡되고 잘못된 매체에 노출되면 투명한 물에 검은색 물감이 쫙 퍼지듯이 금방 검게 물든다.

나는 아이들에게 성교육을 할 때 곧바로 성에 관한 이야기를 시작하지 않는다. 아이들의 관심사가 무엇인지 먼저 물어본다. 남자아이들을 만날 때는 주로 '게임'으로 소통한다. "너희들이 좋아하는 게임 있어?" 그럼 보통 아이들은 '마인크래프트, 브롤스타즈, 어몽어스, 배틀그라운드, 롤' 등 자신이 좋아하는 게임 이야기를 한다.

그 이후에 좋아하는 게임 유튜버에 관해 말하면 아이들이 "오! 선생님도 알아요?"라며 물 만난 물고기처럼 신나게 이야기한다. 나는 이렇게 아이들과 빠르게 공감대를 형성한다. 아이가 무엇에 관심 있고 좋아하는지 질문을 통해 알아가는 것이다.

열린 질문을 통해 말문을 열어라

그럼 어떻게 아이는 나를 만난 지 10분 만에 이야기했을까?

내가 교육을 잘해서 그럴까? 아니다. 아이들이 나와 대화를 나눌 때 말문을 잘 여는 이유는 내가 '열린 질문'을 통해 먼저 마음의 문을 열었기 때문이다. 나는 재관이와 처음에 유튜브에 관한 대화를 쭉 나눈 뒤 이렇게 질문했다.

"유튜브에는 재미있고 유익한 영상도 많아. 그런데 이상하고 잘못된 영상도 있는 거 아니? 선생님이 만난 학생 중에는 유튜브로 음란물을 봤다고 하는 학생도 있어"라고 말했다. 그 말을 듣자마자 재관이는 뭔가 딱! 생각이 났는지 이렇게 말했다. "선생님, 예전에 친구가 유튜브에서 음란한 영상을 보고 링크를 카톡으로 보낸 적이 있어요."

내가 그날 "얘들아, 음란물은 나쁜 거야. 혹시 본 적 있어?"라고 물었으면 어땠을까? 아마 아무도 대답하지 않았을 것이다. 나는 먼저 유튜브라는 주제를 가지고 공감대를 형성한 다음 아이 스스로 말할 수 있도록 이끌었다.

아이들에게 무작정 질문하기보다 열린 질문으로 아이 스스로 생각해서 결정할 수 있도록 도와야 한다. 아이의 답변이 마음에 들지 않거나 잘못 내린 결정이라도 괜찮다. 아이 스스로 생각해 보고 책임질 수 있도록 가이드 역할을 하면 된다.

나도 처음에는 미숙해서 잘하지 못했고 수없이 실패했다. 특히 성이라는 분야는 공부하면 할수록 100% 정답은 없다는 것을 깨달았다. 성 공부뿐만 아니라 설득, 공감, 존중에 관한 책을 수없이 읽고 공부하며 질문의 중요성을 알게 되었다. 그 덕분에 교육에서도 열린 질문을 통해 청중의 말문이 트이게 했다.

침묵 도사가 아닌 질문 도사가 되자

무엇보다 질문할 때는 자녀를 생각하고 존중하는 마음이 있어야 한다. 《돈의 속성》의 저자 김승호는 "인간의 마음은 말에 나타나고 말에 정이 없으면 남을 감동시키거나 바꿀 수 없다. 사람은 마음이 오고 간 후에 이론과 논리가 더해질 뿐이다"라고 말했다. 내가 판단하지 말고 마음을 담아 질문해보자. 그리고 아이가 어떤 말을 하든 일단 아이의 대답을 들어보는 것이 중요하다.

지금 당장 성에 관해 물어보기가 막막하다면 먼저 아이의 관심사가 무엇인지 질문해보자. 아이의 관심사에 먼저 귀를 기울인다면 생각한 것보다 더 빠르게 아이와 성에 관한 대화를 주고받을 수 있을 것이다. 무엇보다 어디서든지 편하게 질문과 대답을 할 수 있는 환경이 중요하다. 양육자와 자녀 모두 성에 관해 침묵하는 침묵 도사가 아닌 자유롭게 질문과 대답을 주고받을 수 있는 '질문 도사'가 되기를 바란다.

성폭력에 대한 프레임을 바꿔라

어린이집, 유치원, 학교에서 아이들이 자주 받는 교육이 있다. 바로 '성폭력 예방 교육'이다. 보통 유아나 초등학생들을 만나 무엇을 배웠냐고 물어보면 "안 돼요! 싫어요! 도와주세요"라고 말한다. 항상 아이들에게 자신의 의사 표현을 잘하라는 교육만을 주로 진행한다. 성폭력 상황에서 아이들이 적극적으로 저항해야 한다고 교육받은 것이다.

이런 성폭력 예방 교육은 문제점이 많다. 아동이 성폭력 상황에서 어떻게 '대처'해야 하는지만 다루는 것이다. 과연 피해자만 조심한다고 해서 성폭력이 일어나지 않을까? 성폭력은 가해자의 힘이 더 강할 때 일어나므로 아동이 자기 몸을 스스로 보호하기는 거의 불가능하다. 게다가 성폭력 상황에서 소리를 지르지 못하거나 싫다고 말하지 못한 아동에게 책임이 있다는 잘못된 메시지를 줄 수 있다.

결국 이런 교육의 가장 큰 문제는 피해자에게 죄책감을 심어 주고 양육자에게 말하지 못하게 만든다는 것이다. 조심해야 한다는 교육만 받은 아이는 결국 양육자나 선생님이 말한 대로 하지 못해 이 일이 일어났다고 자책하게 된다. 그럼 성폭력 상황이 생겨도 양육자나 선생님에게 선뜻 말하지 못한다.

특히 여성들은 가정이나 학교에서 "밤늦게 돌아다니지 마. 옷차림을 조심히 하고 다녀. 너는 여자니까 조심해야 해"라는 말을 수없이 들어왔다. 그러나 이렇게 여성을 조심시키는 교육은 잘못되었다. 성폭력은 피해자에게 원인이 있는 게 아니라 가해자에게 원인이 있기 때문이다.

이제 성폭력에 대한 잘못된 프레임을 바꿔야 한다. 프레임이란 '사회적 현상들을 인식하는 과정에서 본질과 의미, 사건과 사실 등의 관계를 규정하는 직관적 틀'을 말한다. 어떤 대상이나 문제를 접했을 때 어떤 프레임을 갖고 있느냐에 따라서 해석이 바뀐다. 특히 성폭력을 어떤 프레임으로 바라보는가는 아이에게 성교육을 할 때도 매우 중요하다.

성폭력에 대한 편견

야한 옷차림이 성폭력을 유발한다?

짧은 옷차림이 성범죄의 원인이라는 말을 하는 사람들이 있다. 그렇다면 짧고 야한 옷차림의 기준은 무엇인가? 이슬람 국가의 여성들은 히잡(머리와 목 등을 가리는 두건의 일종)을 쓰고 다닌다. 히잡을 쓰면 여성의 얼굴 또는 눈만 보인다. 노출이 원인이라면 그 나라는 성범죄자가 여성의 눈만 찌를까? 누가 봐도 말이 안 된다. 예전에 벨기에 수도 브뤼셀에서 성범죄를 당했던 사람들의 옷에 관해 전시회를 열었다. 전시된 것은 노출이 있는 옷이 아니라 대부분 평범한 옷이었다. 노출이 성범죄의 원인이라고 하는 것은 피해자에게 원인을 돌리는 잘못된 생각이다.

남성의 성욕은 참을 수 없다?

남성이 성욕을 참을 수 없다니? 이 무슨 해괴망측한 이야기인가. 성욕을 참을 수 없다고 거리에서 바지를 벗고 "아, 못 참겠다. 한번 해볼까?"라고 하는 남자는 없다. 이뿐만 아니라 '남자의 성욕은 여자보다 더 강하다', '남자는 여자보다 성적 흥분이 빠르고 강하다', '남자는 누드에 약하다' 등 남성은 본능적으로 성 충동을 잘 참지 못한다는 잘못된 고정관념이 있다. 이런 편견은 성범죄의 책임을 여성들이 조심하지 않은 것으로 덮어씌우는 것이다. 자칫 성범죄까지 정당화할 수 있는 위험한 편견이다.

성욕은 자연적 현상이지만 통제 여부는 사회적 산물이다. '성욕을 참을 수 없다'고 가르치는 문화에서는 그 피해가 여성들뿐만 아니라, 남성들에게도 고스란히 전달된다. 남성들도 성범죄 피해자가 될 수 있기 때문이다. 이런 편견은 남성을 짐승보다 못한 존재로 보는 것이며 남성에게도 치욕적인 말이다.

낯선 사람을 조심하라?

성폭력이라고 하면 흔히 밤늦게 또는 사람이 없는 장소를 지나가다 낯선 사람에게 당하는 것이라고 생각한다. 하지만 성폭력은 낯선 사람이 아닌 '아는 사람(가족, 친구, 이웃, 주변 사람)'에게 당하는 경우가 훨씬 많다. 한국성폭력상담소의 〈2019년 한국성폭력상담소 상담통계 및 상담 동향분석〉에 따르면 아는 사람에 의한 피해가 87.6%다. 아는 사람일 경우에는 강하게 거부 의사를 표현하기가 더욱 어렵다. 아는 사람일지라도 동의 없이 함부로 만지면 안 된다는 것을 어릴 때부터 성교육을 통해 알려주어야 하는 이유다.

피해자는 늘 힘들어하고 고통스럽다?

"성폭력 피해자가 어떻게 저럴 수 있지?"라는 생각은 많은 사람들이 빠지기 쉬운 생각이다. 피해자는 항상 힘들고 고통스러워야 한다는 편견이 피해자가 목소리를 내지 못하도록 가둔다. 이것을 '피해자다움'이라고 하는데 마치 성폭력 피해 경험을 평생 씻을 수 없는 일로 바라보는 통념이다. 이런 통념은 '성폭력 피해자는 아무것도 할 수 없을 정도로 고통스럽다'라고만 바라본다. 성폭력 피해를 회복할 수 없는 일로 여기며 성폭력 피해자를 평범하게 살 수 없는 사람으로 규정해버린다.

피해자들은 성폭력을 당한 후에 자신의 일상을 되찾고자 각자의 방식대로 노력한다. 사람은 저마다 다르듯이 성폭력 피해자들도 각기 다른 방식으로 대응한다. 피해 상황이 닥쳤을 때 적극적으로 주변에 도움을 요청하며 저항하는 사람이 있고, 위협으로부터 얼어붙는 사람이 있는가 하면, 자신의 생명을 보호하기 위해 가해자의 요구에 응하는 사람도 있다.

평소와 같이 활동하고, 친구들을 만나서 대화하고, 농담에 웃음을 짓는 등 어느 것이라도 '성폭력 피해자'와 어울리지 않는다고 생각했다면 '피해자다움'이라는 편견에 빠진 것이다. 누군가는 두려움과 불안 속에서 무기력하게 보낼 수도 있고, 누군가는 이전과 다르지 않은 모습을 계속 유지할 수 있다. 이런 피해자다움의 강요는 성폭력 사건을 해결하지 못하도록 막는다.

피해자다움과 마찬가지로 '가해자다움'이라는 것도 존재하지 않는다. 2021년 성폭력 피해를 본 한 국회의원은 "성폭력을 저지르는 사람은 따로 정해져 있지 않다"라며, "누구라도 동료 시민을 동등하게 존엄한 존재로 대하는 데 실패하는 순간, 성폭력의 가해자가 될 수 있다. 그가 아무리 이전까지 훌륭한 삶을 살아오거나 많은 이들로부터 존경받는 사람이라 하더라도 예외는 없다"라고 말했다. 성폭력 근절을 외쳐왔던 사람들도 가해자가 되는 현실을 꼬집었다. 피해자다움, 가해자다움에서 벗어나 성폭력의 본질을 제대로 직시해야 한다.

피해자를 조심시키는 것이 아닌 가해 행동을 방지하라

20세기 저명한 철학자 한나 아렌트는 "아무 생각이 없는 것,

이것이 바로 폭력이다"라고 말했다. 잘못된 걸 알면서도 아무 생각 없이 그냥 넘기는 것이 폭력이라는 것이다. 그동안 피해자만 조심시키고 피해자다움을 강요했던 성폭력에 대한 프레임을 바꿔야 한다.

이제 피해자를 조심시키는 교육이 아닌 가해 행동을 방지하는 교육을 해야 한다. "다른 사람을 때리면 안 돼", "친구의 물건을 훔치면 안 돼"라고 말하듯이 말이다. 성폭력 예방 교육을 통해서도 아이들이 '가해 행동', 즉 해서는 안 되는 일을 하지 못하도록 교육해야 한다.

더 이상 성폭력 문제를 '피해'라는 관점에서만 바라보지 말자. 그러는 순간 아이들이 가해 행동에 무뎌질 수 있다. 어릴 때부터 아이들에게 성교육을 통해 '가해'라는 위치 안에 세워볼 수 있도록 가르쳐야 한다. 그래야만 아이들이 가해 행동의 문제점을 알고 타인의 경계를 존중하는 사람이 될 것이다. 이제 성폭력의 본질을 온전히 바라보자. 그래야 내 아이에게도 제대로 된 성교육을 해줄 수 있다.

성평등 관점을 가진 아들로 키워라

성차별적인 말과 행동은 우리도 모르게 일상생활에서 사용되고 굳어진다. '남자는 일, 여자는 육아' 또는 '남자는 울지 않아야 하고 강해야 한다'는 성역할 고정관념은 사람의 한계를 지정하고 가능성을 성별이라는 박스에 가둬놓는다.

성역할 고정관념과 문제점

'성역할 고정관념'이란 한 문화권이 공유하고 있는 남녀 성별에 따라 각기 다르게 기대하는 행동 양식, 태도, 인성과 특성 등을 포함하는 생각을 말한다. 즉, '남자는 ~하다', '여자는 ~하다'와 같은 특성에 대한 부분이나 '남자는 ~해야 한다', '여자는 ~해야 한다' 같은 행동 및 태도와 관련된 부분에서 고정된 기준을 가지고 있는 것이다. 이러한 성역할 고정관념은 출생 시부터 시작하여 생물학적 요인보다는 사회화 과정에서 학습된다.

우리는 은연중에 성역할 고정관념을 보거나 들으며 자라왔다. 남성은 파란색, 여성은 분홍색부터 시작해 짧은 머리와 긴 머리, 로봇과 인형, 넥타이와 화장, 경찰관과 간호사 등 특정 성별에 맞는 취향과 역할로 제한된 정보를 학습해왔다.

이런 남자다움이 만들어지는 과정은 가정, 사회, 미디어의 영향을 크게 받는다. 우리가 평소에 보는 영화, 교과서에는 성공한 사람이나 전쟁사가 굉장히 많이 나온다. 여기서 나온 역경을 극복하고 승리하는 사람의 대부분은 '남자'다. 미디어 속에서 흔히 남성은 항상 밖에서 일하고 무거운 짐을 옮기는 것으로 묘사되었다. 이렇게 무심코 배우거나 하는 말과 행동이 남자다움을 정하는 기준이자 자신이 행동해야 할 방향을 결정하는 것이다.

남성도 슬프면 울 수도 있고 친구들과 즐겁게 수다를 떨 수 있다. 그런데 단지 남자다움으로 인해 이런 것들을 억제해야 하거나 해서는 안 될 행동으로 여겨진다. 특히 남자다움은 남자아이들의 자연스러운 감정 표현을 억제하고 폭력을 정당화할 수 있다.

남자다움이란 맨박스에서 벗어나야 하는 이유

특히 '남자는 강해야 한다'는 강박과 틀에 갇히면 아이 자신도 고통스럽고 힘들다. 자신의 감정 표현에 서툴게 되고 자신이 원하지도 않는 행동을 해야 하기 때문이다. 《맨박스(Man Box)》의

저자 토니 포터는 '남자니까 어떠해야 한다'는 고정관념을 남자들을 가두는 상자에 비유했다. 그는 남성들 역시 성역할에 대한 억압에서 탈피해 자유로워질 필요가 있다고 주장했다.

남성주의 사회에서 남자는 여자보다 강하며 울지 않아야 하며 경쟁하고 지배하는 것을 평범하게 받아들이고 남성은 무언가를 통제할 권리를 가지고 있다고 배운다. 남자답기 위해 감정을 드러내지 않아야 한다고 습득한다. 학교가 아니라 사회화를 거치며 저절로 몸에 익히는 행동들이다.

특히 여자를 남자답게 좋아하고 소유해도 된다는 인식은 여성에 대한 남성들의 폭력·성폭력으로 이어질 수 있다. 어렸을 때 아이스케키를 하거나 고무줄을 끊는 남자아이를 한 번쯤 보았을 것이다. 이런 행동은 상대를 좋아한다는 표현으로 보거나 장난이나 사소한 것으로 받아들였다. 이런 잘못된 통념은 남성의 폭력을 사소한 것으로 치부하고 정당화한다. 우리 아이에게는 이렇게 가르쳐서는 안 된다. 이런 남자다움에서 벗어나 성에 대한 평등한 시각을 가질 수 있도록 교육해야 한다.

아들에게 하지 말아야 할 성차별적인 언행

우리 사회는 모두가 평등한 방향으로 나아가기 위해 노력하고 있지만, 여전히 사회 속에 남아 있는 차별적 언어들이 존재한다. 특히 성차별은 오래전부터 관습으로 굳어진 고정관념 때문에 차별인지조차 모르고 사용하던 말들이 많다. 양육자는 다음과 같은 말을 아들에게 사용하지 않아야 한다.

- “울지 마. 남자는 씩씩해야 해.”
- “착하기만 한 남자는 매력 없어.”
- “너는 꼭 여자처럼 행동하는구나.”
- “남자인 네가 참아야지.”
- “남자가 그렇게 힘이 약해서 어떡하니.”
- “남자는 돈을 벌어 가정을 책임져야 해.”
- “남자가 비겁하게.”
- “남자애는 인형을 가지고 노는 게 아니야.”

가정에서 할 수 있는 성평등 교육

가정에서 쉽게 할 수 있는 성평등 교육이 있다. 다음과 같이 세 가지를 기억하고 실천해보자.

생각과 말 바꾸기

자녀 앞에서 양육자가 먼저 의식하고 노력하는 모습이 중요하다. 아주 쉽게 실천할 수 있는 것부터 시작하면 된다. 우선 아이 앞에서 “남자는~”, “여자는~” 같은 표현을 쓰지 않는다. 성별을 이분법적으로 나누는 사고와 말보다는 아이의 개성과 성향에 따라 이야기하고 대화를 나눠보자. 그럼 조금씩 고정관념에서 벗어날 수 있을 것이다.

가사 분담

가사 분담은 가정에서 모두가 성평등에 참여할 수 있는 방법이다. 단순히 가르치는 걸 넘어서 몸소 보여줄 수 있기 때문이다. 집안일은 밥하기, 빨래하기, 청소하기, 쓰레기 버리기, 설거지 등 다양하다. 집안일은 직장과 다르게 퇴근이 없기에 더욱 가사 분담이 필요하다.

남매를 키우는 한 보건 교사는 그동안 집안일 분담을 아이들에게 교육해왔다고 했다. 어릴 때부터 아이들도 자연스럽게 집안일에 참여시키기 위해 집에 마카보드를 달아 각자 해야 할 집안일을 적었다. 두세 달마다 해야 할 집안일을 바꿔가며 실천하도록 했다. 남편과 함께 먼저 솔선수범하면서 집안일은 엄마만의 역할이 아니라 가족 모두의 역할이라는 것을 알려주었다.

그 결과 아이들은 가사 분담을 자연스럽게 받아들여 평등하게 실천할 수 있었다. 이 선생님처럼 집안일 중에서 각자 할 수 있는 것을 나누고 실천하면 된다. 가사 분담을 통해 자연스럽게 집안일은 여자가 하는 것이 아닌 모두가 하는 것임을 인식하게 된다.

미디어를 통한 교육

현재 우리는 미디어 홍수 속에 살고 있다. 바로 눈앞에 스마트폰이라는 가장 친한 친구가 우리를 미디어의 세계로 이끌고 있다. 보통 미디어를 통해 성역할 고정관념을 학습하는데 역으로 미디어를 통해 성평등 교육을 하면 된다.

왕자의 도움으로 공주가 되는 〈신데렐라〉나 왕자의 키스로 깨어나는 〈잠자는 숲속의 공주〉 모두 여성을 남성의 도움을 받아야 하는 수동적인 존재로 표현했다. 이와 반대로 디즈니 영화 〈알라딘〉에 등장하는 자스민 공주는 위기의 상황에서 적인 자파에 "난 더 이상 침묵하지 않아"라고 말하며 '스피치리스(Speechless)'를 부르는 명장면을 연출한다. 위기의 상황에서 여성의 적극적이고 능동적인 모습을 보여준 것이다.

TV나 드라마에서 성차별적인 내용이 나올 때마다 대화를 해보자. "흠, 방금 본 드라마에서 주인공이 했던 말에 대해 어떻게 생각해? '남자는 여자를 무조건 지켜야 해'라고 말했잖아. 아빠는 성차별적 말이라고 생각하거든. 남자가 꼭 여자를 지켜야 한다거나, 여자가 누군가에게 보호받을 대상이 아닌 것 같아. 너는 어떻게 생각해?" 이렇게 대화를 나눠보자. 아이에게 어느 정도 몇 가지 예시를 알려주면 나중에는 스스로 판단할 수 있다.

양육자부터 평등한 관점을 갖도록 노력하자

가정은 자녀들이 양육자를 보고 배우는 작은 사회다. 양육자가 무심코 던진 말과 행동에 영향을 받는다. 사람의 성격, 감정, 능력은 개인의 차이일 뿐 성별에 따라 정해지는 것이 아니다. 이 점을 꼭 명심하자. 아이 성교육을 하기 전에 양육자부터 성역할에 대한 고정관념을 가지고 있지 않은지 점검해봐야 한다.

아이가 성에 대한 평등한 관점을 갖기 위해서는 양육자가 먼저 성에 대한 평등한 관점을 가져야 한다. 가정에서 성평등이 이루어지기 위해서는 양육자부터 모범을 보여야 한다. 아이가 평등하고 균형적인 시각을 갖도록 이제 양육자부터 당장 가정에서 성교육을 시작하자.

성기의 명칭을 정확하게 알려주어라

예전부터 사용하기에 가장 거북한 말 중 하나는 성기를 가리키는 말이다. 우리는 말을 하거나 글을 쓸 때도 남녀의 생식기와 관련된 단어는 함부로 사용하지 않는다. 그런데 아이러니한 건 성기를 지칭하는 '좆'이라는 말을 아이들도 평상시나 욕을 할 때 아무렇지 않게 사용한다는 것이다. 지금은 오프라인뿐만 아니라 온라인에서도 성기를 지칭하는 말이 비속어와 함께 자주 사용되고 있다.

성기의 명칭을 정확하게 알려주어야 하는 이유

보통 남성의 성기를 '고추'라고 부른다. 또는 '거시기'와 같은 애매모호한 단어로 대용하기도 한다. 온라인에서는 남성의 성기를 지칭하는 순한글 자지를 '자X' 식으로 한 글자를 감추어 표기하기도 한다. 얼마나 민망하고 쑥스러운지 이런 방법으로 에둘러 표현한다. 영어 단어는 어릴 때부터 정확하고 유창하게 표현하도록 가르치면서 정작 내 몸의 소중한 곳인 성기에 대해서는 아무도 정확한 표현을 알려주지 않는다.

얼굴의 눈알을 눈깔로 속되게 말하지 않는 것처럼 성기도 올바른 명칭을 알려주어야 한다. 성기의 이름을 어릴 때부터 정확히 알려주어야 하는 이유는 아이가 자라면서 점점 성기를 가리키는 말이 변하기 때문이다. 아주 어릴 때는 '고추'라고 하다가 아이들은 장난 삼아 '거시기, 소중이, 소시지, 불알'이라고 부른다. 그러다 좀 더 심해지면 '좆'이라고 표현하는 것이다.

문제는 이런 표현 중 대부분이 성기를 장난으로 부르거나 비하하는 의미가 담겨 있다는 것이다. 이런 단어는 아이들에게 성을 가볍게 여기거나 부정적 인식을 줄 수 있다. 언어는 사람의 의식과 가치관에 막대한 영향을 준다. 따라서 어릴 때부터 성에 관해 정확하고 올바른 명칭을 알려주는 것이 매우 중요하다.

성기 명칭을 잘 알려줄 수 있는 사람은 양육자

남성의 성기는 '음경'이라고 부른다. 음경은 귀두, 요도구, 고환 따위로 이루어진 남자의 바깥 생식기관을 뜻한다. 밑에 있는 음낭은 고환을 감싸고 있는 주머니라는 뜻이다. 음경이라는 표현은 이상하거나 부끄럽게 느껴지지 않는다. 성기가 아파서 병원에 갔다고 가정해보자. "고추의 이 부분이 아파요"보다 "음경의 이 부분이 아파요"라고 표현하는 것이 무난하고 자연스럽다.

어릴 때부터 성기의 이름을 제대로 알려주어야 커서도 제대로 사용한다. 아이들이 어휘력이 늘었을 때 어릴 적 불렀던 말과 함께 정확한 이름을 알려주면 된다. 보통 '까까'를 '과자', '맘마'를 '밥'이라고 부르는 것처럼 말이다. 이처럼 고추는 '음경'이라고 부르면 된다.

소중한 곳의 이름에 대해 가장 잘 알려줄 수 있는 사람은 성교육 전문가나 선생님이 아니다. 몇 번의 교육만으로는 아이들이 가르쳐준 이름으로 부르지 않는다. 이걸 가장 잘 알려줄 수 있는 사람은 바로 양육자다.

아침에 일어나 아이가 옷을 갈아입거나 화장실에서 용변을 볼 때 그리고 목욕할 때마다 자연스럽게 알려줄 수 있다. 이렇게 성기의 이름을 정확하게 알려주어야 자기 몸과 성에 대해 자연스럽게 접하고 긍정적으로 인식하게 된다. 특히 어릴 때부터 성기의 이름을 제대로 알려주어야 커서도 제대로 사용한다.

성기뿐만 아니라 우리 몸은 모두 소중하다

보통 성기를 소중한 곳이라고 말하는데 그렇게만 말할 필요는 없다. "성기는 소중해서"라고 계속 말하면 성기는 소중한 데 반해 다른 곳은 비교적 중요하지 않다고 아이가 받아들일 수 있다. 그럼 아이들이 성기 외에 몸의 다른 부위는 조금 무감각하게 느낄 수 있다. 성기뿐만이 아니라 우리 몸의 모든 부위가 소중함을 알게 하는 것이 중요하다.

성기는 소중하면서도 '약한 곳'이라 보호해줘야 하고, 아무 데서나 만지면 안 된다고 설명하면 된다. 그래서 속옷을 입는 것이다. 우리 몸 모든 곳의 이름이 있듯이 성기에도 이름이 있다. 얼굴의 눈, 코, 입, 귀처럼 성기도 우리가 잘 알아야 할 몸의 일부다.

자기 몸의 이름을 제대로 알지 못하는데 어떻게 자신을 바로 알고 사랑할 수 있을까? 성교육은 '나를 사랑하고 내가 사랑하는 사람을 가장 올바르게 사랑하는 방법'이다. 성교육에서 가장 중요한 것은 자신을 사랑하는 방법을 배우는 것이다. 바로 그 출발점이 내 몸과 소중한 곳에 대해 올바르게 아는 것이다. 따라서 양육자가 아이에게 소중한 곳의 이름을 정확하게 알려주어야 한다. 이제부터 양육자가 아이에게 '음경'이라는 성기의 정확한 이름을 알려주자.

만연해진 디지털 성범죄, 우리 아이를 지켜라

세상이 바뀌었다. 아니 세상이 180도 바뀌었다. 스마트 기기가 보편화되고 2019년 말에 터진 코로나19로 현재 우리는 대부분의 활동을 온라인으로 하고 있다. 어른들도 재택근무를 하고 아이들이 듣는 학교 수업이나 교육도 대부분 온라인으로 전환되었다.

비대면 교육, 온라인 활동이 늘어나면서 디지털 성범죄 피해에 노출될 가능성이 커졌다. 경찰대학 치안정책연구소가 발간한 《치안전망 2021》에 따르면 2020년 통신매체 이용 음란 행위는 2019년(1,028건)보다 42.6% 증가한 1,466건을 기록했다. 특히 수업뿐만 아니라 채팅, 게임 등 온라인 활동이 잦아진 아동과 청소년들이 디지털 성범죄에 노출되기 쉽다. 아이들이 가정에 있는 시간도 늘었기 때문에 어느 때보다 양육자의 성교육이 필요하다.

경계가 없고 무한 복제가 가능한 디지털 성범죄

디지털 성범죄는 인간을 성적 대상화하고 상업적으로 소비하는 왜곡된 성 인식이 만든 범죄다. 디지털 성범죄의 무서운 점은 '성범죄의 경계가 없다는 것'이다. 그동안 현장에서 일어나는 범죄는 어느 정도 시간과 장소의 제약이 있었었다. 그러나 지금은 우리 아이가 집에 있으면서 언제든, 아니 바로 지금 이 순간에도 성범죄 피해자 또는 가해자가 될 수 있다. 무심코 보낸 메시지 하나로 인해 우리 아이가 갑자기 성범죄에 연루될 수 있다는 것이다.

디지털 성범죄는 빛보다 빠른 속도로 전 세계 어디서든지 공유되고 복제할 수 있다는 점에서 심각한 사회적 문제다. 구글 전 회장 에릭 슈미트는 "우리 세대는 인터넷에 올라간 모든 기록을 영원히 감내해야 하는 첫 세대다"라고 말했다. 촬영물이 일단 유포되면 영구 삭제가 거의 불가능해 피해 복구가 어렵다. 게다가 IT 기술 발전에 따라 디지털 성범죄 역시 더욱 은밀해지고 조직화되고 있다.

텔레그램 n번방 성착취 사건 '최연소 피해자 9세, 가해자 12세'

2020년 코로나19와 함께 세상을 떠들썩하게 만든 사건이 터졌다. 바로 '텔레그램 n번방 성착취 사건'이다. 이 사건에 대해 모르는 사람은 거의 없을 것이다. n번방 사건은 2018년 하반기부터 텔레그램 n번방과 박사방에서 자행된 성착취 사건을 말한다. n번방과 박사방을 개설 운영한 가해자들은 미성년자를 포함한 일반 여성을 대상으로 성착취 영상을 찍도록 협박했다. 그리고 해당 영상을 텔레그램 비밀대화방에서 판매하는 잔인한 행각까지 저질렀다.

피해자 중에 가장 어린 나이는 불과 9세였다. 디스코드 메신저를 이용해 성착취물을 유포한 가해자 가운데는 12세도 있었다. 피해자와 가해자 중에 10대들이 많았다는 것이 n번방 성착취 사건의 특징이었다. 바꿔 말하면 우리 자녀들이 디지털 성범죄로부터 안전하지 않다는 경고등이 울린 것이다. n번방 성착취 사건 이후에 또 어떤 악랄하고 심각한 범죄가 일어날지 아무도 모른다. n번방 성착취 사건은 끝이 아닌 시작이 될 수도 있다.

아동·청소년 3명 중 1명 "낯선 사람에게 메시지 받았다"

2020년 서울시가 사단법인 탁틴내일과 초등학교 5학년~고등학교 3학년 아동 및 청소년 1,607명을 대상으로 디지털 성범죄 피해 실태 조사를 했다. 그 결과 응답자의 36%가 '낯선 사람으로부터 쪽지나 대화 요구를 받아본 적이 있다'고 했다. 심지어 온라인으로 접근한 낯선 사람들은 '나이와 핸드폰 번호 등 개인정보를 알려달라(23%)'고 요구하거나 '쉽게 용돈을 벌 수 있게 해주겠다(10%)'고 제안했다.

이런 잘못된 꼬임에 넘어가 실제로 자신의 개인정보를 알려주는 아동·청소년도 있었다. 이렇게 아이들에게 개인정보를 받으면 협박의 수단으로 삼아 지속적으로 사진이나 영상물 착취를 하는데 이걸 '온라인 그루밍(Online Grooming)'이라고 한다. 앞에서 언급한 n번방 성착취 사건이 대표적인 '온라인 그루밍' 범죄다. 안타까운 것은 피해를 입은 아동·청소년 절반 이상이 도움을 요청하지 않았다는 사실이다. 아이들이 디지털 성범죄 예방 교육을 제대로 받은 적이 없기 때문에 도움을 요청하는 방법에 대해 잘 알지 못했다. (류인하, 〈'n번방' 사건 이후에도…아동·청소년 3명 중 1명 "낯선 사람에게 메시지 받았다"〉, 경향신문, 2020. 12. 13.)

이렇게 아이들은 언제, 어디서든 성범죄 위험에 노출되어 있다. 문제는 IT 기술 발전에 따라 디지털 성범죄 역시 더욱 은밀해지고 조직화되고 있다는 것이다.

만연해진 디지털 성범죄, 우리 아이를 지켜라

이제 더 늦기 전에 가정뿐만 아니라 학교, 사회가 성인지 교육을 비롯한 성교육을 통해 확실한 예방 대책을 마련해야 한다. 디지털 성범죄에 노출되기 쉬운 아이들을 보호할 사회적 안전망이 필요하다. 현재 아동·청소년은 어릴 때부터 디지털 문화에 익숙한 디지털 원주민이다. KTX처럼 빠르게 변하는 세상과 아이들의 속도에 발맞춰 이제 양육자도 따라가야 한다. 디지털 이주민인 양육자가 먼저 디지털 문화에 적응해서 우리 아이를 이해하고 보호해야 한다.

지금 당신이 이 책을 읽고 있다는 것만으로도 이미 준비하고 있다. 만연한 디지털 성범죄에서 우리 자녀를 안전하게 지킬 수 있도록 양육자가 먼저 공부하고 성교육을 하자. 디지털 성범죄에 대처하는 방법은 4장에 실어두었다. 어느 때보다 가정에서 양육자의 성교육이 절실히 필요한 시기다. 이제 성교육이라는 예방주사를 통해 우리 자녀를 보호해야 한다.

2장

성교육, 빠를수록 좋다

성교육이 오히려 아이의 호기심을 자극하지 않을까요?

"여덟 살 아들이 요즘 부쩍 '엄마, 아기는 어디로 나와?'라는 등 성에 관한 질문을 하기 시작했어요. 이제 성교육을 할 때가 되지 않았나 생각해봤지만, 혹시나 이른 성교육이 아이의 호기심을 더욱 자극하지 않을까 걱정됩니다."

강의를 다니다 보면 이런 질문을 자주 받는다. 양육자들이 자녀 성교육을 망설이는 가장 큰 이유 중 하나다. 성교육이 괜히 아이들의 없던 성적 호기심을 자극해서 오히려 문제가 생길까 걱정하는 것이다. 이건 성교육에 대해 크게 오해하는 것이다.

성교육은 호기심을 적절히 충족해준다

흡연 예방 교육을 받는다고 해서 다음 날 아이들이 담배를 피울까? 폭력 예방 교육을 받는다고 다음 날 아이들이 갑자기 다짜고짜 누구에게 시비를 걸어 싸우거나 때리지 않는다. 우리가 학교나 직장에서 안전교육을 받는 이유는 무엇인가? 혹시 모를 사고에 대비하는 것이다. 성교육도 마찬가지다. 성교육은 자신과 타인의 몸에 대한 경계와 동시에 서로 존중하는 방법을 알려준다. 오히려 잘못된 매체나 또래 친구에게 어설프게 배우거나 음란한 걸 보고 따라 하면 문제가 되는 것이다. 요즘은 온라인 환경으로 이런 위험에 더욱 노출되기 쉽다.

아이가 영어나 수학에 호기심을 갖고 계속 공부한다고 가정해보자. "여덟 살인 용범이가 기본 영어 단어 100개를 벌써 다 외웠어. 게다가 구구단까지 술술 하네. 자꾸 여기에 더 호기심을 가져 모르는 문제까지 마구 풀까 봐 걱정이야"라고 생각할까? 오히려 아이가 열심히 공부하는 것을 기뻐하며 더 공부할 수 있도록 지원할 것이다. 최소한 불안하거나 걱정은 하지 않을 것이다.

그런데 아이가 성에 대해 호기심을 가지고 질문하거나 책을 사달라고 하면 보통 "벌써 왜 그런 것에 관심을 가지니?", "크면 다 알게 돼 있어"라며 손사래를 친다. 성교육 책을 서랍장이나 잘 보이지 않는 곳에 숨긴다는 양육자들도 자주 봤다. 아이러니한 것은 학교 도서관에 가면 성교육 동화나 만화책이 가장 인기가 많아 가장 먼저 낡고 해진다. 성에 대한 호기심은 인간이라면 가장 관심을 갖는 주제 중 하나이기 때문이다. 성교육은 아이들의 이런 호기심도 충족시키면서 몸에 대한 소중함도 알려준다.

성교육은 예방주사, 일찍 시작하는 것이 좋다

성교육은 예방주사와 같다. 바이러스 침입에 대비해 예방주사를 맞는 것처럼 미리 준비해야 아이들이 튼튼하고 건강하게 성장한다. 10세 아이를 키우는 한 엄마는 성교육을 일찍 하는 게 좋다고 생각해 내가 운영하는 자주스쿨의 성교육을 신청하고 자녀 성교육과 동시에 양육자 성교육을 들었다. 어느 날 아이가 유튜브를 보다가 자극적인 음란물을 보게 되었고, 교육에서 들었던 것이 떠올라 곧바로 엄마에게 말했다고 했다. 엄마는 조금 당황스러웠지만 내가 일러준 대로 침착하게 대화했다.

"아들 괜찮아? 이야기를 듣는 엄마도 놀랐는데, 너는 얼마나 놀랐겠어. 이야기해줘서 고마워. 그때 선생님에게 교육받은 대로 아주 잘했어! 앞으로 또 그런 영상이 뜨거나 보게 되면 지금처럼 엄마에게 이야기해줘. 엄마는 항상 너의 편이니까." 무시하거나 혼내지 않았고 아들의 입장에서 공감하고 들어주었다.

얼마 후에 어머니에게 연락을 받았다. "강사님 성교육을 미리 듣길 정말 잘했어요. 강사님에게 배운 대로 아이를 혼내지 않고 말해줘서 고맙다고 했어요. 덕분에 아이와 성에 대한 대화를 자연스럽게 나눌 수 있었어요. 너무 감사합니다."

양육자와 자녀 모두 성교육을 미리 받았기에 지혜롭게 대처할 수 있었다. 영어는 조기교육이 중요하다며 어릴 때부터 수없이 많은 돈과 시간을 투자한다. 그런데 아이의 '인성과 태도'에 지대한 영향을 미치는 성교육은 왜 하지 않을까? 제때 적절한 성교육은 아이에게 올바른 성 가치관과 태도를 가지는 데 도움이 된다. 이 책을 보고 있는 당신은 지금 자녀에게 성교육을 시작했는가? 이제 성교육을 걱정하기보다 '인정'하고 당장 시작해보자.

아이가 자꾸 성기를 만져요

"다섯 살 아이가 자꾸 자기 성기를 조물딱조물딱 만집니다. 혼자 있거나 TV를 볼 때 무의식적으로 바지에 손을 넣고 만지네요. 당황하고 걱정되어 "그러면 못 써. 만지면 안 돼!"라고 혼냈는데 그때부터는 눈치를 보더니 몰래 만져요. 어떡해야 할까요?"

아이들이 성기를 만지는 이유

유아를 키우는 양육자들이 가장 많이 하는 질문 중 하나가 성기를 만지는 행동이다. 성기를 만지다가 자위를 하는 경우도 있다. 어릴 때 아이들은 자기 몸이나 성기를 만지며 감각을 느끼고 자연스럽게 호기심이 생긴다. 이때의 호기심은 어른들의 호기심과는 다르다. 성기를 만지면서 기분 좋았던 감각을 느끼고 기억한다. 그리고 점점 이런 행동에 몰입하게 되는데 이를 감각 놀이로 인지한다. 보통의 아이들은 성기를 만지거나 놀면서 점점 다른 놀이로 관심을 옮긴다.

이외에도 유아들이 자꾸 성기를 만지거나 자위를 하는 이유는 다양하다. 성기를 청결하게 관리하지 못해 가려워서 만지는 경우, 정서적인 욕구나 에너지가 강한 경우, 스트레스를 받거나 지루한 경우, 또는 심심하거나 심리적으로 외로움을 느끼면 자기 몸을 만지면서 자위를 할 수 있다.

성적인 존재인 인간은 유아부터 어르신까지 누구나 자위를 할 수 있다. 어른들의 시각에서는 음란해 보일지 몰라도 아이들의 시각에서는 자연스러운 행동이다. 엄마 배 속에 있는 태아도 스스로 몸을 만지면서 자위한다. 자위는 불결한 것도, 이상한 것도 아니다. 아이가 성장하면서 흔히 보이는 현상이므로 너무 걱정하지 않아도 된다. 아이들이 행여 자위한다고 하더라도 너무 걱정하거나 당황하기보다는 인정하며 자연스럽게 바라보자. 다만 계속 반복적으로 하거나 심하면 양육자로서 적절한 개입과 대화가 필요하다.

친절하게 설명하기

성기를 만지거나 자위를 하는 아이를 보면 당황한 나머지 그 행동을 멈추게 하려고 "안 돼! 만지지 마! 왜 자꾸 만지니?"라며 겁을 주거나 혼을 낸다. 강압적이고 부정적인 표현은 아이에게 성기가 더럽다는 인식과 함께 수치심과 죄책감을 심어줄 수 있다. 그러다 보면 자위행위가 더 악화될 수 있다. 이런 부정적인 방법보다는 "손을 씻지 않고 만지면 병균이 들어갈 수 있어. 손부터 씻자"라고 친절하게 설명하자. 양육자가 차분하게 편안한 태도로 행동하는 것이 중요하다.

심하게 자위를 하면 적절하게 개입하기

아이가 엎드려서 세게 압박 자위를 하거나 날카로운 모서리에 성기를 비비는 자위를 하면 성기가 다칠 수 있다. 그리고 다른 사람들 앞에서도 하게 된다면 적절히 개입해야 한다. "그렇게 계속하면 소중한 성기가 다칠 수 있어", "다른 사람들이 보는 앞에서 만지는 건 예의가 아니야"라고 알려주자. 개입할 때 중요한 것은 앞에서 설명했듯이 너무 강압적으로 해서는 안 된다는 점이다. 참고로 아이의 자위행위는 한 번 주의를 주는 것으로 절대 바뀌지 않는다. 이 점을 꼭 기억하고 인내심을 가지고 일관되고 반복적으로 알려주자.

성기 만지는 아이를 혼낸 양육자, 성교육을 통해 회복하다

어느 유치원에서 강의를 한 적이 있다. 아이들이 성기를 만지는 것은 나쁜 것이 아니고 충분히 할 수 있다며 침착하게 대처해야 한다고 말했다. 그런데 강의 후 Q&A 시간에 앞에 앉은 한 엄마가 눈이 부을 정도로 펑펑 울었다. 왜 우냐고 물어보니 이렇게 말했다.

"강사님, 며칠 전에 아이가 성기를 만졌을 때 저도 모르게 당황해서 크게 혼냈어요. 그 이후로 아이가 겁을 먹고 저만 보면 피해요. 오늘 강사님 강의를 듣고 그때 제가 한 행동이 잘못되었다는 것을 알았어요. 강사님 강의를 좀 일찍 들었어도 그렇게 크게 혼내지 않았을 텐데 아이한테 정말 미안하네요."

슬프게 우는 엄마에게 나는 이렇게 말했다.

"어머님, 저의 어머니가 해주신 말씀인데 사람은 누구나 실수할 수 있대요. 실수보다 그 이후에 어떻게 대처하는가가 더 중요하다고 하셨어요. 아직 늦지 않았습니다. 오늘 아이한테 가서 그때는 잘 몰라서 혼냈다고 진심으로 사과해보세요. 아이가 어떤 반응을 보이든 간에 미안하다고 감싸주신다면 조금이라도 회복할 수 있을 거예요."

그렇게 말하고 몇 주 후에 연락을 받았다.

"강사님 덕분에 아이에게 진심으로 사과했습니다. 아이가 저를 받아주었고 서로 울면서 껴안았어요. 지금은 처음보다 훨씬 괜찮아졌어요. 사랑하는 제 아이와의 관계를 회복하도록 해주셔서 진심으로 감사드립니다."

참 다행이었고 마음속에서 뜨거운 울림을 느꼈다. 이런 변화된 후기를 받을 때마다 뿌듯하면서 동시에 성교육의 중요성을 피부로 느낀다. 혹시나 그동안 실수했더라도 자책하지 말자. 이제부터 제대로 알고 현명하게 대처하면 된다.

혼내지 말고 지혜롭게 대처하자

어린아이들이 성기를 만지는 것을 단순히 성적 행위라고 봐서는 안 된다. 어른도 성기가 간지럽거나 보호하기 위해 무의식적으로 만지기도 한다. 자녀가 성기 만지는 걸 보면 당황할 수 있지만 크게 걱정하지 말자. 앞서 말했듯이 여러 가지 이유로 할 수 있는 행동이니 차분하게 바라봐야 한다.

오은영 박사는 "사람은 성장하고 발달하는 과정에서 언제나 불균형이 있고, 그에 따른 어려움이 있습니다. 우리가 이것을 포용력을 가지고 바라봐야 할 것 같아요"라고 말했다. 양육자가 좀 더 포용력을 가지고 자녀를 바라보자.

앞으로 아이가 성기를 만지거나 자위하는 모습을 보면 일단 침착하게 지켜보자. 성기를 만지는 행동은 아이가 성장하면서 자연스럽게 줄어들고 나아진다. 다만 계속해서 아이가 성기 만지는 행동이 심해지면 전문가를 찾아야 한다. 병원에 가서 행여 아이의 성기가 아프거나 특별한 이유가 있는지 알아본다. 또는 놀이치료, 미술치료, 심리치료를 통해 도움을 받는 것도 좋은 방법이다.

아이가 성기를 만지는 모습을 보면 당황하거나 혼내지 말자. 이때야말로 성교육을 할 기회로 보면 된다. 아이를 차분하게 관찰하고 서로 대화함으로써 지혜롭게 대처하자. 이렇게 자녀의 입장을 이해하고 존중하는 것이 현명하게 성교육을 하는 방법이다.

아이의 성기가 자꾸 커져요

"일곱 살 아들을 키우는 엄마입니다. 아이가 보통 아침에 깨면 성기가 커져요. 요즘은 자주 아무 때나 성기가 커져서 불편하다고 합니다. 재울 때도 성기가 커지는데 아이가 '엄마, 고추가 자꾸 커져서 잠이 안 와'라고 하는데 정상인가요? 좀 걱정되는데 어떻게 해야 하나요?

보통 엄마들은 아들과 성별이 다르다 보니 아들의 성기가 커지는 모습을 보고 적잖이 당황하거나 놀란다. 보통 아이들은 소변을 자주 보거나 피곤하면 생리적으로 발기가 되는 경우가 많다. 여러 번 짧게 발기하는 것은 대부분 큰 문제가 없는 생리적 현상일 가능성이 크다. 발기에 대한 원리를 제대로 알고 나면 조금은 안심이 될 것이다.

태아도 발기가 된다고요?

성기가 커지고 꼿꼿해지는 것을 '발기'라고 한다. 발기는 나이에 상관없이 누구나 경험한다. 남자의 성기인 음경 속에는 뼈가 없다. 대신 스펀지처럼 구멍이 숭숭 뚫린 해면체라고 부르는 조직이 요도 주위를 둘러싸고 있다. 우리가 평소에 보고, 느끼고, 냄새 맡거나 상상하면서 뇌가 자극될 때 뇌에서 명령을 내리면 음경에 피가 모여든다. 해면체에 피가 가득 차서 혈관이 확장되면 발기가 일어난다. 음경 주변의 근육이 긴장하게 되고 음경이 딱딱해지는 것이다. 고무장갑에 물을 넣으면 크기가 커지고 단단해지는 것과 같은 원리라고 보면 된다.

한번 피가 몰려 단단히 선 음경은 피가 저절로 빠져나가기 전까지는 스스로 작게 만들 수도 눕힐 수도 없다. 억지로 누르면 몹시 아프기만 하고 다칠 수 있다. 발기는 뇌가 자극을 받으면 음경에 나타나는 반응으로 성적인 자극을 받지 않아도 일어난다. (출처: 사이틴 시즌3 - 왔다! 사춘기)

배 속의 태아도 발기가 되는 것을 아는가? 임신 16주가 지나면 남자 태아는 발기할 수 있다. 실제 초음파 사진을 보면 태아의 발기가 관찰된다. 보통 아침에 발기가 잘되는데 남성은 하루에 수면 중에는 네다섯 번 정도 발기가 된다. 그렇게 하지 않으면 음경 해면체 혈관에 섬유화가 생겨 피가 통하지 않는다. 남자의 발기는 음경을 보호하기 위한 극히 자연스러운 신체 운동이다. 이 수면 발기는 아침까지 이어지기도 한다. 일명 '텐트를 쳤다'고 말한다.

발기에 대한 편견과 대처 방법

흔히 성적인 상상을 할 때만 발기가 된다고 생각한다. 이렇게 잘못 알고 있으면 아이에게 제대로 알려줄 수 없다. 발기는 성적인 자극뿐만 아니라 신체 활동을 하거나 접촉이 일어나면 반사적으로 일어난다. 코에 먼지가 들어오면 재채기를 하는 것과 같다. 편안하고 긴장을 많이 하지 않은 상태에서 발기가 더 잘되기 때문에 갑자기 음경이 꼿꼿이 일어설 수 있다.

갑자기 발기가 되면 창피하거나 난처할 수 있다. 내가 만난 한 아이는 시도 때도 없이 발기되는 자신을 보며 '변태'라고 생각하고 억지로 꾹꾹 눌렀다. 양육자도 어찌할 줄 몰라서 걱정하고 있었는데 성교육을 통해 자연스러운 현상이라는 것을 알려주었다. 이상한 게 아니라 자연스럽고 건강하다는 것을 알려주니 아이도 더 이상 자신을 변태라고 부르거나 자책하지 않았다.

혹시 아이의 음경이 발기된 것을 본다면 겁을 주거나 혼내지 말라. 가장 당황스러운 것은 아이 자신이다. 천천히 자연스럽게 바라보고, "괜찮아, 이상한 게 아니라 자연스러운 거야"라며 따뜻하게 공감해주자. 너무 지나치게 관여할 필요는 없다. 한 엄마는 어린 아들이 자꾸 발기되는 자신의 몸을 보고 왜 이러느냐며 울먹이자 원래대로 돌려놓기 위해 옆에서 애국가를 4절까지 불러줬다고 한다.

보통 애국가를 부르면 괜찮아진다고 하는데 풍문일 뿐이다. 발기는 그냥 자연스럽게 가라앉는 것이 좋다. 발기된 것에 집중하지 말고 하던 일에 신경 쓰다 보면 자연스럽게 가라앉는다고 알려주자. 천천히 크게 심호흡을 하고 느긋하게 생각하는 것도 한 방법이다.

어린아이가 발기된 성기를 다른 사람에게 보여주거나 만지게 해서는 안 된다. 공공장소나 사람들이 있는 곳이면 민망한 상황이 생길 수 있다고 알려줘야 한다. 발기 상태가 너무 오래가거나 발기 시 계속 통증을 느낀다면 성기 조직에 문제가 있을 가능성이 있다. 이럴 때는 비뇨의학과에서 진료를 받아야 한다.

참고로 남자뿐만 아니라 여자도 발기가 된다. 여성이 성적으로 흥분하면 음핵에도 해면체가 있어서 부풀어 오른다. 남자처럼 눈에 확 띄지 않을 뿐이다.

발기가 된다는 것은 건강하게 성장하고 있다는 증거다. 아이의 성기가 발기된 모습을 보거나 아이가 발기되었다고 말하면 당황하지 말고 자연스러운 현상이라 생각하자.

포경수술을 꼭 받아야 하나요?

"아들이 초등학교 6학년입니다. 포경수술을 꼭 받아야 하나요? 저는 안 받아도 괜찮다고 생각하는데 포경수술을 받은 남편은 건강을 위해 꼭 받아야 한대요. 요즘은 안 받는다고 하던데 어떻게 해야 할까요?"

포경수술에 관한 논란은 여전히 뜨거운 감자다. 포경수술은 남자아이들에게 공포와 걱정의 단어다. 나는 중2 때 포경수술을 받았다. 그때만 하더라도 남자라면 누구나 받아야 하는 통과의례처럼 여겨 우리나라 대부분의 남성들이 본인의 의지와는 상관없이 포경수술을 했다.

지금은 찬반 의견이 뜨거워 포경수술을 받아야 하는지에 대해 질문하는 양육자들이 많다. 찬반을 떠나 포경수술에 대해 양육자부터 제대로 알아야 한다. 그럼 포경수술 선택의 주체는 자녀라는 사실을 알게 될 것이다.

포경수술의 정의와 유래

포경수술은 의학적으로 환상절제술로 불리며, 귀두 주변의 포피와 음경 피부를 잘라내 귀두를 노출하는 수술법을 말한다.

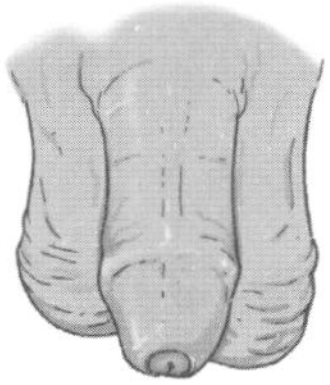
포경수술 전

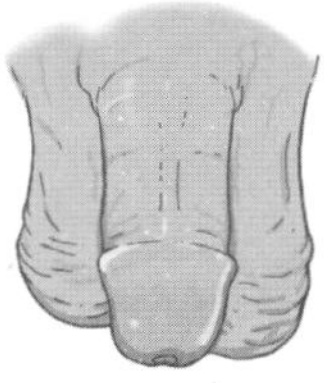
포경수술 후

포경수술은 '고래잡이'라고도 불린다. 그 이유는 남성의 성기 바깥쪽에 포피가 둘러싸고 있는 모양을 '포경(包莖)'이라고 하는데, 고래잡이를 의미하는 '포경(捕鯨)'과 발음이 같아서 생긴 말이라고 알려져 있다.

포경수술, 굳이 할 필요 없다

가끔 포경수술이 필요한 경우도 있다. 귀두 겉껍질이 벗겨지지 않았거나 벗겨졌더라도 음경을 조여 혈액순환과 발기에 문제가 될 때는 겉껍질을 제거해 귀두를 노출하는 포경수술이 필요하다. 발기가 됐는데 겉껍질이 젖혀지지 않는 '진성포경'과 포피가 젖혀진 뒤 되돌아오지 않는 '감돈포경'은 각종 요로감염의 위험 또는 부종을 일으키므로 의사와 충분히 상의한 후 포경수술 여부를 결정해야 한다.

그 외 대부분의 남성들은 굳이 할 필요가 없다. 미국 소아과학회는 "모든 신생아가 포경수술을 받아야 하는 것은 아니다"라고 말했다. 포경수술을 하면 위생상 좋다고 말하지만, 잘 씻고 관리하면 크게 문제없다. 올바르게 성기를 씻는 방법에 대해서는 가정의학과 전문의 크리스 마츠코 박사가 말하는 성기를 씻는 방법을 참고하면 좋다.

포경수술을 하지 않은 성기 씻는 방법

손으로 순하고 향기가 없는 비누로 거품을 내고 고환과 음경에 비누칠을 한다. 포경수술을 하지 않은 성기를 씻을 때 가장 유의할 점은 포피 밑을 씻는 것이다.

1. 포피를 끝까지 부드럽게 뒤로 민다. 성기에 상처를 입히고 흉터 조직이 생길 수 있으므로 억지로 포피를 젖히지 말자.
2. 포피 밑에 비누칠을 하고 비누와 남아 있는 찌꺼기를 완전히 씻어 내린다.
3. 다시 포피를 자연스러운 위치에 되돌려놓는다.

성기를 깨끗이 씻었다면 청결을 유지해야 한다. 샤워하고 나서 성기를 말리고 꽉 끼는 팬티보다는 바람이 잘 통하는 면 팬티를 입는 것이 좋다. 이렇게 관리 방법에 대해 자녀에게 알려주면 된다.

포경수술 선택권은 자녀에게 있다

아이들은 대부분 포경수술을 받기 싫어한다. 양육자가 포경수술에 대해 충분한 정보를 제공하지 않은 상태에서 억지로 포경수술을 받으라고 하기 때문이다. 양육자의 일방적 결정에 의한 강제적인 포경수술은 지양해야 한다. 포경수술을 선택할 권리는 바로 자녀에게 있다. 양육자라도 이 권리를 침해해서는 안 된다. 자녀에게 충분한 정보를 주고 스스로 선택하도록 하자.

자녀의 몸은 자녀의 것이며 이를 존중해야 한다는 사실을 깨달아야 한다. 포경수술을 포함해 모든 성적 권리와 행동은 자녀의 선택과 결정으로 이루어져야 한다. 양육자가 자녀의 몸과 마음을 존중해야만 자녀가 주체적이고 건강한 성 가치관을 갖게 된다. 양육자가 자녀를 존중하면 아이는 양육자를 더 신뢰할 것이고, 이것이 바로 올바르게 성교육을 하는 방법이다.

아이의 성기 크기가 작은데 괜찮은 건가요?

"강사님, 제 아이가 성기가 작다고 걱정합니다. 자기 몸에 점점 관심을 두기 시작하더니 '엄마 난 왜 고추가 작아?'라고 물어봐요. 제가 보기에도 좀 작아 보이는데 괜찮은 걸까요?"

음경 크기는 작든 크든 상관없다

아들을 키우는 양육자에게 음경 크기에 대한 고민을 자주 듣는다. 작은 음경으로 인해 아이가 스트레스를 받지 않을까 걱정하는 것이다. 아이들에게 성교육을 할 때도 이런 고민을 자주 듣는다. 음경 크기에 대한 고민의 대부분은 누군가와 비교하기 때문에 일어난다. 이런 질문을 받을 때마다 나는 이렇게 대답한다.

"의학적으로 문제가 있지 않은 한 아주! 베리! 슈퍼! 정상입니다. 걱정할 필요 없습니다. 음경은 나이가 들면서 점점 자라기 시작합니다. 아직 다 자라지 않았는데 벌써 걱정할 필요가 있을까요? 그리고 음경은 작든 크든 상관이 없습니다. 내가 가진 음경 그대로 정상입니다."

음경은 해면체 조직이기 때문에 내부에 피가 들어 있는 정도에 따라 크기가 항상 달라질 수 있다. 따라서 음경 길이는 '최대 발기 시'를 기준으로 봐야 한다. 평소에 음경이 작아도 발기 때 커지는 경우도 많다. 음경의 크기 또한 발기의 상태에 따라 다르다.

특히 음란물에 나오는 남자 배우의 커다란 음경 크기와 비교하며 자신의 음경이 작다고 느끼는 아이들도 있다. 나는 아이들에게 성교육을 할 때 다양한 크기와 모양의 음경 그림을 보여주고 어떤 게 정상인지 물어본다. 아이들은 하나같이 똑바로 서 있거나 본인이 보기에 예쁘게 생긴 음경을 고른다.

어느 날은 성교육을 받은 학생이 이렇게 대답했다.

"선생님, 우리의 모습이 다 다르듯 음경 모양도 다 다른 거 아니에요? 저는 모두 다 정상이라고 생각해요."

맞다. 이 아이의 말처럼 모두 다 정상이다. 우리의 얼굴이 다 다르듯 생식기 모양도 다 다르다. 다르다는 것을 알고 받아들이고 서로 존중하면 된다.

천천히 기다리자

아이들의 몸은 아직 충분히 자라지 않았다. 키부터 시작해 머리, 어깨, 무릎, 손, 발까지 쑥쑥 자랄 일만 남았다. 음경도 마찬가지다. 특히 음경은 사춘기에 이르러 급격히 커진다. 지금 걱정할 문제가 아니다. 우리의 몸은 사람에 따라 더 빨리 자라고 천천히 자라기도 한다.

다만 함몰음경(작게 보이거나 완전히 숨어 있는 듯한 상태의 성기)일 경우가 있다. 최근 소아 왜소 음경은 대부분 함몰음경이며, 식생활과 생활 패턴 변화로 복부 비만이 증가하면서 많이 늘어나는 추세다. 이런 경우 음경의 성장 자체는 정상이다. 꾸준한 운동을 통해 몸을 관리하고 주기적으로 전문의와 상담하면서 음경 발육 상태만 확인하면 된다. 혹시라도 걱정된다면 병원에 가서 상담을 받으면 된다. 참고로 음경이 조금 휜 것도 정상이니 너무 걱정하지 않아도 된다.

중요한 것은 음경 크기가 아니라 내 몸을 사랑하는 마음

나는 성교육을 자존감 교육이라고 말한다. 내 몸을 있는 그대로 사랑하고 존중하는 마음을 길러주기 때문이다. 한국은 끝없이 남과 비교하는 비교 왕국이다. 학업, 재산부터 시작해 얼굴, 몸매, 키도 모자라 이제는 사람의 성기 크기나 모양까지 비교한다. 그렇게 자꾸 비교하면 내 몸에 대해 거부감이 생기고 자존감은 점점 밑바닥으로 내려간다.

남과 비교하지 않고 내 모습을 있는 그대로 사랑하는 방법을 알려주는 것이 성교육이다. 아이가 이런 고민을 한다면 괜찮다고, 걱정하지 말라고 안심시켜주자. 그리고 혹시라도 아이가 다른 친구의 외모나 음경 크기를 가지고 놀리지 않도록 교육해야 한다. 가장 중요한 것은 음경 크기가 아니라 내 몸을 있는 그대로 사랑하고 존중하는 마음이다. 성교육을 통해 나를 사랑하고 존중하는 방법을 아이에게 전해주자.

아이가 자꾸 내 몸(가슴)을 만져요

"아홉 살 아들의 엄마입니다. 아이가 어릴 때부터 스킨십을 좋아해서 저에게 찰싹 붙어 있어요. 잠자리에서 옷 속으로 손을 넣거나 가슴을 만지는데 이제는 몹시 불편하고 화가 납니다. 못 하게 하거나 화를 내면 아이가 상처받을까 봐 걱정인데 어떡하죠?"

아들을 키우는 엄마에게 스킨십에 대한 질문을 무궁무진하게 받는다. 아이가 자꾸 엄마의 몸, 가슴, 배, 옆구리, 팔뚝, 엉덩이 등 여러 부위를 만지는데 어떻게 해야 할지 고민이라는 것이다. 자신도 불편하고 이렇게 다 받아주면 아이가 혹시 나가서도 그럴까 봐 노심초사한다. 아이가 양육자에게 하는 스킨십도 적절한 경계 존중이 필요하다.

스킨십을 통해 애착 관계를 형성하는 아이

그럼 왜 아이는 양육자에게 스킨십을 하는 것일까? 아이는 스킨십을 통해 정서적인 안정감과 편안함을 느끼고 애착 관계를 형성하기 때문이다. 특히 아이들은 외부에서 불안감을 느낄 때 엄마의 몸 혹은 이불이나 인형을 만지고 지속적인 접촉을 통해 안정감을 느끼려고 한다.

미국 심리학자 해리 할로는 새끼 원숭이를 통해 스킨십 실험을 했다. 방 한쪽에는 우유가 나오는 철사로 만든 어미 인형을 두고, 다른 쪽에는 우유는 없지만 부드러운 천으로 만든 어미 인형을 두고 새끼 원숭이를 집어넣었다. 새끼 원숭이는 두 인형 가운데 어느 쪽으로 향했을까? 부드러운 천으로 만든 인형에 다가가 매달리고 안겼다고 한다. 새끼 원숭이는 부드러운 접촉을 통해 안정감을 얻었다.

사람도 다르지 않다. 아이들도 '부드러운 접촉'을 통해 안정감을 얻고 '애착'을 형성한다. 부드러운 엄마 품에 안겨서 젖을 먹고 엄마와 눈을 맞추며 생애 첫 스킨십을 하면서 아이들은 무한한 사랑과 행복을 경험한다. 접촉하는 동안 신체에서 생성되는 옥시토신 호르몬은 스트레스를 완화해주는 역할을 하여 아이가 긍정적인 사고를 하는 데 도움을 준다. 아이에게 있어 양육자의 품은 강력한 위안제가 된다.

적절한 스킨십, 신뢰와 동의는 필수

이렇게 스킨십은 양육자와 아이 사이에 필요하고 중요하지만 두 가지 원칙이 있다. 첫째는 상호 간의 신뢰가 바탕이 되어야 하고, 둘째는 동의와 합의를 전제로 해야 한다. 사람마다 예민한 부위가 다 다르지만 신체를 함부로 만지면 누구나 불쾌하다. 스킨십이라는 것은 서로 기분이 좋아야 하고, 또 서로 동의하는 상태에서 하는 것임을 양육자가 알려줘야 한다. 그래야 밖에서도 친구나 다른 사람의 몸을 함부로 만지지 않는다.

아이의 스킨십을 거부하면 '엄마, 아빠는 나를 사랑하지 않나?' 라고 생각할까 봐 걱정하는 양육자도 있다. 이런 걱정 때문에 많은 양육자가 불편한데도 아이의 요구를 거절하지 못하고 받아준다. 그러나 이런 행동은 양육자나 아이 모두에게 좋지 않다.

단호하지만 일관성 있게 행동하라

아이가 양육자의 몸을 동의 없이 만지는 것에 대해서는 단호하게 말할 필요가 있다. 여기서 단호하게 하라는 것은 무작정 화를 내고 훈육하라는 것이 아니다. '아이에게 일관성을 가지고 확실하게 같은 자세를 취해야 한다는 것이다.' 그리고 아이가 잘 지킨다면 반드시 '칭찬'하라. 칭찬할 때도 바뀐 행동에 대해 구체적으로 하는 것이 좋다.

예를 들어 아들이 엄마의 가슴이나 배를 자꾸 만지면 "엄마가 불편하고 아파서 그러는데 만지지 말아줘"라고 말하고, 아이가 손을 놓으면 "응, 잘했어. 엄마 불편하지 않게 존중해줘서 고마워"라고 말해준다.

이런 식으로 아이가 스스로 참는 시간이 의미 있다는 것을 구체적으로 알려줘라. 그리고 "네가 싫어서가 아니라 너를 사랑해서 서로 존중하는 방법을 알려주는 거야. 알겠지?"라고 말하며 아이의 손을 잡아주거나 가벼운 포옹 정도로 바꿔줘도 좋다.

실제로 강의 때 내 조언을 듣고 몇 달간 실천했던 엄마는 아들이 가슴을 만지는 것이 놀랍게 변화되었다고 전했다.

"강사님 강의를 듣고 꾸준히 훈련하니 아들이 이제는 제 가슴을 만지지 않아요. 바뀐 아들을 보면서 그동안 제가 너무 급했고 칭찬에 인색했다는 것을 알게 되었습니다. 인내심을 가지고 차분하게 말하니 결국 변화해서 이제는 손만 잡더라고요. 아이의 감정을 먼저 공감하고 천천히 그리고 꾸준히 훈련하라는 강사님 말씀이 깊이 와닿습니다."

양육자가 먼저 모범을 보여라

이런 스킨십 교육이 잘되려면 양육자부터 아이의 기분을 물어보고 스킨십을 해야 한다. 아이에게 아무리 동의와 스킨십 교육을 해봤자 양육자 자신부터 지키지 않으면 아무 소용 없다. 결국 양육자가 아이 앞에서 본을 보여야 스킨십 교육이 무너지지 않고 잘될 수 있다는 것을 명심하자.

처음에는 아이가 싫어하고 떼를 쓸 수 있다. 하지만 점점 하다 보면 익숙해져 양육자의 기분을 묻고 스킨십을 할 것이다. 이렇게 가정 안에서 동의를 얻는 연습과 존중 교육을 해야 아이가 다른 사람의 몸을 만질 때도 물어보고 존중하게 된다. 스킨십 교육은 생활 속에서 양육자가 꾸준히 해야 하는 필수 교육이라는 사실을 잊지 말자.

언제부터 아이와 따로 자야 하나요?

"초등 2학년 남자아이를 키우고 있는데 아직 잠자리 분리가 안 되었어요. 혼자 자는 것을 싫어하고 엄마와 함께 자는 것을 좋아합니다. 특히 요즘은 자꾸 엄마, 아빠 사이에서 자려고 해요. 이대로 괜찮을까요?"

잠자리 분리는 특히 아들을 키우는 엄마에게 많이 받는 질문 중 하나이다. 초등학생뿐만 아니라 중학생 아들이 엄마와 같이 자는 경우도 있었다. 이제는 분리하고 싶은데 그러면 아이가 무서워하고 힘들어할까 봐 지금까지 계속 같이 잤다는 것이다.

아이와 언제부터 따로 자느냐에 대해서는 정해진 답이 없다. 양육자와 아이의 성향, 환경, 양육 태도에 따라 각기 다르다. 하지만 분명한 건 언젠가는 아이와 따로 자는 시점이 온다는 것이다. 아이와 양육자 모두를 위해 적절한 시기에 잠자리를 분리하는 것이 좋다.

특히 잠자리를 분리하지 못하면 부부관계에도 걸림돌이 될 수 있다. 수시로 부부의 침실로 들어오는 아이들 때문에 부부가 수면이나 성관계에 몰두하지 못하면 예민해지고 수면 장애가 생길 수 있다. 잠자리 분리는 아이의 독립성과 부부관계를 위해 무척 중요한 일이다.

아이가 혼자 자기 싫은 이유

그럼 왜 아이는 혼자 자기를 싫어하는 것일까? 나이에 따라 다를 수 있겠지만 보통 세 가지다. 첫째, 양육자에 대한 의존성과 떨어지는 것에 대한 분리불안, 둘째, 혼자 자는 것에 대한 걱정이나 무서움, 셋째, 물리적이거나 환경적인 부분 때문이다.

이외에도 다양한 이유가 있을 수 있으니 대화를 통해 왜 아이가 혼자 자기 싫어하는지 먼저 살펴봐야 한다. 아이의 마음을 살펴보지 않고 억지로 분리하려는 양육자의 강압적인 태도는 오히려 역효과가 날 수 있다. 중요한 것은 양육자의 강요보다 아이 스스로 시기를 정할 수 있어야 한다는 것이다. 다만 아이가 원할 때까지 무작정 기다리는 것을 의미하지는 않는다. 아이의 의견을 존중하면서도 바로 경계와 제한을 두어 건강한 분리가 되도록 서로 노력해야 한다.

잠자리를 분리하는 세 가지 방법

아이가 준비되지 않았을 때 억지로 혼자 자게 하면 심리적인 불안감을 키울 수 있다. 잠자리 독립은 아이의 발달 상태에 맞춰 천천히 단계적으로 시작해야 한다. 다음 세 가지 방법을 사용해 보자.

아이 혼자 잘 수 있는 환경 만들기

따로 자는 것은 우리 집에서 아이를 키우는 수면 환경이 어떤가부터 생각해보고 결정해야 한다. 아이가 혼자 잠을 잘 수 있는 포근하고 아늑한 환경을 먼저 만드는 것이 중요하다. 아이가 좋아하는 색감을 방에 넣거나 폭신폭신하고 부드러운 침구류를 준비하는 것도 좋다. 잠을 잘 수 있는 환경으로 침대 주변을 바꾸는 것도 필요하다. 침대 가까이 스마트폰이나 장난감이 있으면 아이는 잠드는 데 집중할 수 없기 때문이다.

때로는 아이에게 동의를 구하고 가까운 친척 집이나 친구 집을 방문해 낯선 곳에서도 자고 오는 경험을 하는 것도 좋다. 이런 경험이 새로운 자극이 되어 자립심과 독립심을 길러줄 수 있기 때문이다.

점진적이고 단계별로 시작하기

잠잘 수 있는 환경이 준비되었다면 아이가 마음의 준비를 할 수 있도록 유도하고 점진적이고 단계별로 시도해보자. 처음부터 매일 따로 자는 것보다 일주일에 2일만 선택적으로 하고, 요일도 아이가 정하면 적극적으로 실천하게 된다. 2~3개월 정도 실천했다면 일주일에 3일로 늘려 지속적으로 실시하면 된다. 잠자리 분리는 단시간에 완벽하게 할 수 없으며 6개월 정도 여유 있게 장기 계획을 세워 긴 호흡으로 진행해야 한다.

반드시 칭찬하기

아이가 혼자 자려고 노력할 때마다 반드시 칭찬해줘라. 물질적인 보상도 좋지만 심리적인 보상과 칭찬이 더 유용하다. "우리 아들 혼자서도 잘 자네. 멋지고 용기 있다. 잘했어!"라고 말해주면 좋다. 행여 잘 지키지 못하더라도 포기하지 않도록 아이를 격려해주자.(윤정원, 〈아들아, 꼭 엄마 아빠 사이에서 자야만 하니?〉, 베이비뉴스, 2020. 11. 27.)

양육자와 자녀 모두를 위해 잠자리를 분리하자

나는 어릴 때 극심한 성장통을 겪었다. 새벽에 시도 때도 없이 다리에 쥐가 나서 찢어질 듯한 고통을 겪으며 잠이 깼다. 그때마다 엄마 품에서 머리카락을 만지며 안도감을 얻고 다시 잠들었다. 내가 초등학교 고학년이 되자 어느 날 엄마는 이제 분리할 때가 되었다고 생각했는지 내가 자는 방을 아늑하게 꾸미고 준비했다. 그래도 내가 불안해하자 교회에 있을 것 같은 작은 종을 주더니 이렇게 말했다.

"석원아, 엄마는 너를 사랑해. 여기 '사랑의 종'을 줄 테니까 너무 무섭거나 힘들면 쳐봐. 엄마가 바로 와줄게. 항상 네 곁에 있으니까 걱정하지 마."

처음에는 불안해서 계속 종을 눌렀지만, 엄마는 그때마다 단번에 와서 나를 달래주었다. 그렇게 몇 달이 지나자 종을 누르는 횟수가 현저히 줄었고, 점점 혼자서도 편안하게 잠이 들었다. 내 마음을 존중하고 인내하는 엄마의 사랑이 나의 불안을 잠재웠다.

이렇듯 잠자리 분리는 너무 성급하게 하지 말고 아이의 마음을 헤아리며 따뜻하게 인내심을 가지고 해야 한다. 아이와 따로 잔다는 것은 단순히 잠자는 공간을 분리하는 것을 넘어 아이만의 독립된 공간을 제공한다는 의미가 더 크다. 아이가 개인적이고 독립된 삶이 있다는 것을 인정하는 과정이기 때문이다.

잠자리 분리는 가족 모두와 깊은 연관이 있다. 행복한 부부관계를 위해서라도 잠자리 분리는 해야 한다. 아이를 분리하지 못해 성생활을 하지 못하면 서로 스트레스가 증가하고 점점 소원해진다. 그 스트레스는 결국 아이에게 되돌아갈 수 있다. 부부의 성생활에 금이 가면 가족관계도 점점 금이 간다. 잠자리 독립은 넓은 의미에서 양육자뿐만 아니라 아이의 성교육에도 영향을 미친다. 아이와 나를 위해 인내심을 갖고 천천히 시작해보자.

언제부터 목욕을 분리해야 하나요?

"일곱 살 아들과 같이 목욕을 합니다. 어릴 때부터 쭉 목욕을 시켜왔어요. 언젠가부터 목욕을 하면 저의 가슴이나 성기를 유심히 쳐다보거나 가끔 만지더라고요. 따로 목욕시키려고 하니 자꾸 싫다고 하는데 괜찮을까요?"

강의 현장에 나가면 자녀와 목욕 분리에 대해 고민하는 양육자가 많다. 목욕은 양육자와 아이가 오랫동안 교감할 수 있는 자연스러운 놀이다. 목욕을 통한 자연스러운 신체 접촉은 아이에게 정서적 안정과 친밀감을 준다. 이와 함께 남녀의 신체, 어른과 아이의 차이도 자연스럽게 관찰하면서 알려줄 수 있다.

나와 타인의 경계 배우기

목욕은 가정마다 문화가 있고 분리 시기가 다 다르다. 유아 때부터 분리하는 양육자가 있는가 하면 자녀가 초등학생인데도 다 같이 씻는 양육자도 있다. 이렇듯 가정마다 목욕에 대한 문화가 다르므로 정해진 답은 따로 없다. 하지만 중요한 원칙이 있다. '가족 중 누구라도 나이와 상관없이 불편하거나 몸을 보이기 싫어한다면 분리'해야 한다. 옷을 벗을 때도 마찬가지다. 그 이유는 가족뿐만 아니라 타인과의 경계도 배워야 하기 때문이다.

누가 노크도 없이 방문을 확 열고 들어오면 어떨까? 아마 놀라고 불쾌할 수 있다. 그 이유는 내 경계를 존중하지 않았기 때문이다. 자신의 벗은 몸을 보여주기 싫거나 다른 사람의 벗은 몸을 보고 싶지 않은 것도 마찬가지다. 이처럼 가족 내에서도 목욕 분리를 통해 경계를 세워야 자녀가 자신과 타인을 존중할 수 있다.

목욕 분리와 경계 교육이 필요한 이유

자녀와 같이 목욕하며 자연스럽게 양육자의 몸을 보여주는 것이 좋다고 하는 분도 있다. 오히려 숨기면 더 호기심을 갖는다는 것이다. 어느 정도 공감은 하지만 계속 보여주면 오히려 양육자와 자녀 사이에 경계가 없어진다. 그러면 다른 사람의 몸도 함부로 보거나 만질 수 있다.

한 6세 남자아이는 평소에 엄마와 씻으며 엄마의 몸을 보고 가슴을 만지곤 했다. 엄마는 어리니까 그럴 수도 있다고 생각하며 대수롭지 않게 여겼다. 어느 날 엄마와 아이가 함께 목욕탕을 갔다. 엄마가 샤워 거품을 내고 머리를 감고 목욕하고 있는 사이에 아이는 목욕탕을 돌아다니다가 다른 여자아이의 가슴을 만졌다. 깜짝 놀란 여자아이의 엄마는 자신의 아이가 성추행을 당했다며 단단히 화가 났다. 결국 남자아이의 엄마는 두 손 싹싹 빌며 사과했다. 실제로도 여자 목욕탕에 아들을 데리고 오는 양육자 때문에 부끄러움을 느끼는 여성들이 있다. 목욕 분리를 통한 경계 교육이 필요한 이유다.

목욕 분리는 5세부터

보건복지부에서 개정된 「공중위생관리법」에 따라 대중목욕탕의 이성 출입 연령이 만 4세로 바뀌었다. 2021년부터 적용 중이며 이를 어기면 목욕탕 주인은 300만 원 이하의 벌금을 내야 한다. 보건복지부는 '아이들의 발육 상태가 좋아지면서 목욕탕에서 민원이 자주 발생하는 것'을 시행규칙 개정의 이유로 들었다.

법을 바꾸면서까지 대중목욕탕의 이성 출입에 나이 제한을 두었다는 것을 통해 시대의 흐름을 읽을 수 있다. 이제 다른 성별이면 집에서도 약 5세 정도부터 목욕을 천천히 분리해야 한다는 것이다. 예전과 세상이 달라졌기 때문에 이 문화에 적응하고 따라야 한다. 오은영 박사도 만 5세가 넘으면 목욕 분리를 하라고 조언했다. 만 5세 이상이면 아이들끼리도 성별을 분리해주는 것이 효과적이라고 한다. 이것이 절대적인 규칙은 아니지만, 성에 대한 상징적인 선을 그어주는 것이라고 말했다. 적정선을 그어주는 것이 아이들의 성 관념 발달에도 필요하기 때문이다.

왜 따로 목욕해야 해? 정확하고 솔직하게 말하기

자녀가 "그동안 같이 씻었는데, 갑자기 왜 따로 씻어?"라고 물을 수 있다. 이때는 정확하고 솔직하게 이야기하자. "원래 남자와 여자는 따로 목욕해야 해. 네가 어릴 때는 엄마가 씻겨주었지만 이제 너도 조금씩 혼자 씻을 때가 됐어. 너의 몸을 소중히 여기고 존중하라는 의미에서 분리하는 거야"라고 친절하게 알려주자.

자녀의 목욕을 도울 때는 함께 옷을 벗는 것이 아니라 옷을 입고 하면 된다. 자녀도 조금씩 자기 몸을 닦는 연습을 하면 좋다. 그러다 익숙해지면 자녀가 자연스럽게 혼자 하게 된다. 보통 자녀가 양육자에게 따로 씻자고 말하는 경우는 거의 드물다. 따로 목욕을 시키는 기준은 자녀가 아니라 '양육자'가 정해야 한다.

목욕을 통해 경계 존중과 내 몸의 소중함을 알려주자

목욕 역시 양육자부터 모범을 보이는 것이 중요하다. 목욕한 후에 벗고 나오지 말고 옷을 입고 나오자. 수건이나 목욕 가운을 두르고 나와 안방에 들어가서 옷을 입는 것도 좋다. 양육자가 먼저 이런 모습을 보여줘야 아이가 보고 따라 한다.

특히 가정에서 다 벗고 돌아다니는 아빠의 이야기를 자주 듣는다. 목욕 교육은 한쪽만 지켜서 되는 것이 아니다. 엄마, 아빠가 함께 지켜야 의미가 있다. 가정에서 보여주는 이런 경계 존중이 아이의 성 가치관과 행동에 영향을 미친다. 목욕뿐만 아니라 가정 안에서 규칙을 세우고 존중하는 것이 필요하다. 아이는 목욕 분리를 통해 경계를 배우고 자신과 타인을 존중하는 방법을 배운다. 그 역할을 가정에서 양육자가 알려주고 시작하자.

아들이 딸과 서로 부둥켜안고 놀아요. 괜찮을까요?

"열한 살 아들과 여덟 살 딸을 키우고 있어요. 평소에 둘이 스킨십이 많은 편인데, 요즘 집에 있는 시간이 많다 보니 둘이 자주 끌어안고 뽀뽀도 합니다. 잘 때도 같이 자는데 요즘은 보기에 불편하고 좀 걱정됩니다."

남매가 부둥켜안고 놀거나 뽀뽀하는 모습을 보며 걱정하는 양육자들이 있다. 예전과 다르게 사회적으로 민감하고 성별이 달라 혹시나 무슨 일이 일어날까 봐 불안한 것이다. 보통 "가족끼리인데 뭐, 뽀뽀하고 놀 수도 있지"라며 자연스러운 일이라고 생각하는 양육자도 있다. 하지만 남매간에도 적절한 거리가 필요하고 서로의 경계를 존중해야 한다.

편한 상대일수록 조심해야 한다

어려서부터 허물없이 놀고 반복해왔던 자연스러운 행동이지만 어느 순간 불편함을 느낄 수 있다. 오빠는 여동생이 편한 상대라서 자주 만지거나 껴안으며 장난칠 때가 있다. 단순히 장난으로만 생각하고 내버려두면 안 된다. 처음에는 살짝 만졌다가 팔

다리를 만지고 가슴, 엉덩이, 성기까지 만질 수 있기 때문이다. 이건 해서는 안 될 행동이다. 또 무심코 동생에게 했던 행동을 다른 친구에게 할 수도 있다.

어릴 때부터 서로 껴안고 즐겁게 놀았던 남매가 있었다. 어느덧 여동생이 4학년이 되자 오빠의 허물없는 스킨십에 점점 불편함을 느꼈다. 6학년 오빠는 그래도 여동생이 좋다고 계속 껴안고 만졌다. 엉덩이는 기본이고 시도 때도 없이 몸을 만졌다.

여동생이 "오빠 싫어. 그만 좀 해"라고 말해도 그때뿐이었다. 어느 날 학교를 마치고 집으로 돌아가는 길이었다. 동생과 똑같은 가방을 메고 있는 여학생을 보고 동생이라 착각한 오빠는 장난치려고 몰래 다가가 엉덩이를 쳤다. 알고 보니 다른 여학생이었다. 몹시 불쾌감을 느낀 여학생은 양육자에게 말했고 성폭력 사건으로 신고되어 학폭위(학교폭력대책자치위원회)가 열렸다.

아무리 친한 남매도 어느 정도 선을 지키는 것이 필요하다. 특히 한 명이라도 불편하고 싫어한다면 그 즉시 멈춰야 한다. 요즘 아이들은 신체적 성장도 빠르다. 초등학생 여자아이들은 보통 2차성징이 나타나면 가슴이 나온다. 남자아이는 사춘기 성호르몬으로 인해 음경이 커지고 발기도 유독 잘된다. 특히 가슴이나 성기 부분은 예민하고 소중한 곳이기 때문에 함부로 만져서는 안 된다. 남매가 서로 좋다고 하더라도 적절한 선을 지키도록 가정 안에서 경계를 알려줘야 한다.

가족 사이에도 지켜야 할 스킨십

양육자와 자녀 또는 남매가 서로 진한 키스를 한다거나 서로의 은밀한 부위가 맞닿는 자세는 가족 간에도 해서는 안 되는 스킨십이다. 요즘은 일찍 미디어에 노출되다 보니 영화나 드라마를 보고 따라 하는 경우가 있다.

그럴 때는 "키스나 성관계는 나중에 사랑하는 사람과 서로 동의하에 하는 거야. 이런 건 가족 간에 하면 안 돼"라고 명확히 말해주자. 이와 함께 스킨십을 하기 전에 물어보는 동의 교육도 해야 한다.

이 훈련을 통해 서로의 경계를 알려주고 존중하는 것이다. 남매가 서로 존중하며 논다면 큰 문제가 없다. 무조건 조심하라거나 놀지 말라고 하는 것은 아니다. 서로 규칙을 지켜야 안전하고 즐겁게 놀 수 있다. 자녀를 사랑하는 만큼 스킨십도 서로 존중해야 한다고 교육하자.

아기가 어떻게 생기냐고 물을 땐 뭐라고 답해야 하나요?

"여섯 살, 열한 살 두 아들의 엄마입니다. 어느 날 초등학생 첫째가 '엄마, 아기는 어떻게 생겨?'라고 물어봤어요. 옆에 동생도 있었는데 자기도 궁금하다면서 알려달라고 합니다. 이럴 때는 어떻게 말해야 할까요?"

"아기가 어떻게 생겨요?"라는 질문은 양육자를 가장 당황스럽게 만드는 질문이라고 생각한다. 여러분은 자녀가 "아기는 어떻게 생겨?"라고 물어본다면 어떻게 대답할 것인가? 보통 "크면 다 알게 돼 있어!"라고 무시하거나, "나도 몰라. 아빠한테 물어봐" 등 회피성 대답을 한다.

여기서 무시하거나 회피해서는 안 된다. 그러면 아이들이 인터넷이나 유튜브에서 찾아보다가 왜곡되고 잘못된 정보를 받아들일 수 있기 때문이다. 당황스럽긴 하지만 양육자가 현실적으로 아이에게 제대로 알려주어야 한다. 여기에 대한 대답은 총 세 가지가 있다.

성관계는 있는 그대로, 필요한 내용만 알려주자

첫 번째 대답은 성관계와 관련한 것이다. 성관계를 표현하기는 참 어렵다. 남성의 음경이 여성의 질로 들어가는 걸 설명한다는 것 자체가 부끄럽기 때문이다. 하지만 자연스럽게 잘 설명해야 아이가 자신의 몸을 소중히 여기고 부끄럽지 않게 생각한다. 아이들에게 성관계를 있는 그대로 설명하되 필요한 내용만 알려주는 것이 좋다.

유아

유아들의 질문은 "엄마, 하늘은 왜 파란 거야?" 같은 질문으로 받아들이면 된다. 보통 이때가 되면 남자와 여자를 구분하기 시작하고 질문이 많아진다. 순간 궁금하긴 하지만 깊이 있는 답을 원하는 건 아니다. 따라서 이렇게 대답하면 된다. "엄마와 아빠가 사랑해서 아빠의 아기씨와 엄마의 아기씨가 만나서 소중하고 아름다운 아기가 되는 거야." 더 구체적으로 알고 싶어 하면 블록이나 레고 같이 결합하는 장난감으로 설명해주면 된다.

초등학생 이상

초등학생 이후에는 좀 더 자세히 설명해주자. 아이들은 정자와 난자가 만나 아이가 생긴다는 사실이 궁금한 게 아니다. 도대체 '어떻게 정자와 난자가 만나는지가 궁금한 것'이다. 아이가 물어보면 이렇게 대답하라.

"사랑하는 남녀가 성관계를 하면 남자의 음경과 여자의 질이 만나. 이때 남자의 음경에서는 정액이 나오는데, 정액 속에는 아기씨 정자가 들어 있어. 음경에서 정자를 보내주면 질을 통해 여자의 몸속으로 들어가 포궁(자궁) 나팔관을 따라 이동해서 난자를 만나.”

“음경에서 나온 정액에는 약 3억 마리 정도의 정자가 있단다. 하지만 이 수많은 정자 중에 난자를 만나는 정자는 단 하나야. 정자가 여자의 난소에서 배란된 난자와 만나면 드디어 수정되어 수정란이 만들어져. 그리고 이 수정란은 포궁(자궁)으로 이동하면서 세포분열을 하고 포궁(자궁) 내벽에 붙는데 이걸 착상이라고 해. 그럼 여기서 점점 자라 아기가 되는 거지.”

여기서 아이가 더 깊이 알기를 원한다면 성교육 그림책을 사서 보여주면 된다. 남녀 생식기 구조를 설명하고 성관계를 하는 그림을 보여주면서 친절하게 설명한다.

쌍둥이는 어떻게 생길까?

“선생님, 쌍둥이는 어떻게 생겨요? 난자에 정자가 2개 들어가면 쌍둥이인가요?” 아이들 대상으로 아기의 탄생에 대해 교육하면 가장 많이 묻는 것 중 하나다. 대부분의 아이들이 난자에 정자가 2개 들어가면 쌍둥이라고 생각한다. 하지만 그건 사실이 아니다.

쌍둥이는 크게 ‘일란성쌍둥이’와 ‘이란성쌍둥이’로 나눌 수 있다. 쌍둥이의 발생 원인은 아직 명확히 알려지지 않았다. 유전적 요인, 엄마의 나이와 출산 횟수와 연관성이 있다고는 하지만 확실한 건 아니다.

일란성쌍둥이는 한 개의 난자에 한 개의 정자가 수정한 것이다. 이 수정란이 초기 발생 과정에 어떤 이유로 둘 또는 그 이상으로 나뉘어 각각 발생한 결과다. 그러므로 유전자가 서로 같아 생김새와 성별이 같은 일란성쌍둥이가 된다.

일란성쌍둥이라 해도 모두 다 똑같은 것은 아니다. 외모와 성격이 조금 다를 수 있다. 사람의 성장이 유전적인 요인만으로 결정되는 것이 아니기 때문이다. 사람의 성장에는 환경적 요인도 크게 작용한다. 외모나 피부는 차이가 거의 없지만, 환경에 영향을 받는 성격은 차이를 보일 수 있다.

이에 반해 이란성쌍둥이는 2개의 난자에 2개의 정자가 각각 수정한 것이다. 이란성쌍둥이는 서로 별개인 2개의 수정란에서 발생하므로, 2개의 태반과 서로 분리된 2개의 양막 주머니를 생성한다. 서로 다른 정자와 난자는 다른 유전 정보를 가지고 있으므로 유전자가 다르다. 그래서 생김새가 다르고 성별도 다를 수 있다. 쉽게 말하면 동시에 태어난 형제, 자매 또는 남매라고 보면 된다. 이렇듯 쌍둥이가 태어나는 데는 놀라운 인체의 신비가 존재한다.

인공수정과 시험관아기에 대해 알려주기

두 번째로, 아이들에게 성관계가 아닌 경로로 태어나는 경우를 설명해준다. 우리는 보통 성관계를 통해서만 아이를 가질 수 있다고 생각한다. 하지만 이제는 성관계를 하지 않아도 아이를 가질 수 있는 시대다. 아이를 갖는 방법 중에 '인공수정과 시험관 아기'가 있다.

이제는 의학의 도움을 받아서 아이를 가질 수 있다. 인공수정과 시험관아기는 아이를 갖기 힘든 사람들이 주로 사용하는 방법이다. KBS 〈슈퍼맨이 돌아왔다〉의 샘 해밍턴 부부는 시험관 시술을 통해 윌리엄과 벤틀리 형제를 품에 안았다. 변화된 시대에 맞게 아이에게 성관계뿐만 아니라 다양한 방법으로 아이를 가질 수 있다고 가르쳐주자.

가슴으로 낳은 아이, 입양

세 번째로, 입양에 관해서도 설명한다. '입양'은 버려진 아이가 아니라 지켜진 아이이다. 아기를 갖는 방법 중에 내가 가장 중요하다고 생각하는 것이 바로 '입양'이다. 아이는 꼭 양육자의 몸을 통해서만 가지는 것이 아니다. 입양을 통해서도 아이를 가질 수 있다. 입양까지 설명해줘야 성교육이 지식의 영역을 넘어 인성교육까지 된다. 그리고 아이들이 세상을 바라보는 시각이 넓어지고 타인을 존중하는 마음이 생긴다.

기존의 임신과 출산 등 생물학적인 성교육만 진행했던 것을 이제 '리뉴얼'해야 한다. 생물학적인 것을 넘어 다양한 가족의 형태를 설명하는 포괄적인 성교육이 필요하다. 나는 얼른 한국에서도 입양이라는 것이 자연스러운 문화로 정착하면 좋겠다.

자연스럽고 밝은 태도를 가지고 설명하라

"아기는 어떻게 생겨요?"라는 질문에 대한 세 가지 대답을 알아봤다. 첫째로 성관계, 둘째로 인공수정과 시험관아기, 셋째로 입양이다. 이 세 가지를 설명할 때 가장 중요한 것은 '양육자의 자연스럽고 밝은 태도'이다. 이런 질문에 대한 대답을 계속 회피하거나 부정적으로 보는 것은 좋지 않다. 여기에 대해 잘 몰라도 괜찮다. 아이의 이런 질문을 잘 받아들이고 같이 공부하는 것만으로도 충분히 의미가 있다.

"아기가 어떻게 생겨요?"라는 질문에 당황하지 않는 양육자는 없을 것이다. '지금이 성교육을 시작할 시기이자, 자녀와 성에 관해 대화할 수 있는 절호의 기회다'라고 생각해보는 건 어떨까? 아이가 이런 질문을 한다는 것 자체가 양육자를 신뢰하고 있다는 방증이다. 자녀의 성 관련 질문에 양육자가 자연스럽고 밝게 대답한다면 앞으로 당신의 자녀 성교육은 좋은 방향으로 진행될 것이다.

적나라한 성교육 책 괜찮을까요?

"초등학생 아이와 서점에 갔는데 아이가 성교육 책에 관심을 보여 구입했어요. 책을 보다 성관계하는 장면을 그림으로 나타낸 부분이 있었는데 적나라하게 나와 있어서 놀랐어요. 이거 보여줘도 괜찮을까요? 책을 보고 성에 대한 잘못된 호기심이 생길까 봐 걱정돼요."

성교육 책을 본다고 아이들에게 잘못된 호기심이 생길까? 나는 이런 양육자의 걱정 때문에 성교육 책을 읽지 못할 아이들이 더 걱정이다. 영어나 수학책은 있는 그대로 다 드러낸다고 걱정하지 않는다. 그런데 왜 유독 성교육 책만 이렇게 걱정할까? 그 이유는 성을 '성기와 행위' 중심으로 생각하기 때문이다. 성교육은 단순히 성행위나 지식만을 배우는 것이 아니라 인간관계와 존중하는 마음을 배우는 것이다. 사람 교육이자 인성 교육인 것이다. 성교육 책에 대해 잘못 바라보는 어른들의 시선 때문에 문제가 생기기도 한다.

뜨거운 논란이 되었던 성교육 책

2020년 한 성교육 책이 뜨거운 논란에 휩싸였다. 덴마크의 책 《아기는 어떻게 태어날까?》(페르 홀름 크누센)이다. 이 책은 1971년

덴마크에서 출판되어 초등학교 교과서에 실렸다. 덴마크에서는 1972년 아동문화부문 상까지 받은 책이며, 여러 나라에 우수도서로 번역, 출판되었다.

이 책은 자신의 몸을 긍정적이고 그대로 받아들이는 연습, 성은 숨겨야 하고 부끄러운 게 아니라 자연스러운 것이라는 생각을 담았다. 하지만 2020년 여성가족부가 교육 교재로 선정하여 학교에 나눠주었다가 한 국회의원의 "조기 성애화 우려까지 있는 노골적인 표현이 있다"라고 문제 삼자 다음 날 전량 회수되었다. 아무 문제 없었던 아이들의 책에 '금서'라는 딱지가 붙어버렸다.

이 책의 문제가 되었던 장면은 남성의 음경과 여성의 질이 만난 장면이었는데, 성관계를 '신나고 멋진 일, 재미있는 일'로 묘사했다고 지적했다. 이런 표현이 약간의 오해를 살 수 있으나 조기 성애화라는 가당치도 않은 말과 함께 노골적으로 표현했다고 지적하니 한숨만 나왔다.

과연 이 책이 노골적일까? 아이들이 자주 들어가는 인터넷이나 유튜브를 한번 살펴보자. 여기에 나오는 사진, 영상이나 음란물이 훨씬 노골적이다. 소중한 아기 탄생에 대한 책을 일부분만 보고 성급하게 판단해서는 안 된다.

누가 문제인 것인가? 어른이 변해야 하는 이유

《아기는 어떻게 태어날까?》 같은 경우에는 나뿐만이 아니라 여러 전문가도 양육자 교육을 할 때 추천한다. 나는 그동안 이 책을 통해 아이들에게 아기가 어떻게 생기는지 수도 없이 설명했다. 강의 중에 몇 번이나 아이들에게 보여줬지만 단 한 번도 어떤 논란이 생긴 적이 없다. 이 책이 문제가 되었던 것이 문제였다.

아이들이 책을 통해 제대로 배우지 못하면 그 궁금증을 어디서 해소할까? 바로 '온라인'이다. 온라인은 이제 더 이상 막을 수 없는 새로운 장을 열어버렸다. 온라인을 통해 아이들은 끝없는 성 표현물에 노출되어 있다. SNS나 유튜브만 보더라도 자극적이고 왜곡된 성 콘텐츠가 넘쳐난다. 아이들은 언제, 어디서나 이런 자료를 쉽게 찾아볼 수 있다. 이런 매체에 대해서는 어물쩍 넘어가면서 왜 굳이 성교육 책에 이리도 관심을 가지고 못살게 굴까? 성을 바라보는 우리의 자세부터 바뀌야 한다.

실제로 한 방송에서 이 책을 본 학생들은 "교과서보다 더 체계적이고 내용도 잘 정리되어 있는 것 같아요. 교육용 서적으로 되게 좋은 것 같아요"라고 말했다. 강의 때마다 입이 마르고 닳도록 이야기하지만 어른, 양육자들이 먼저 변해야 한다. 건강한 성문화 조성을 위해 무엇이 문제이고 무엇을 더 노력해야 하는지 깊이 고민해보자.

양육자부터 성교육 책을 읽고 아이에게 알려주자

성교육 책을 통해 아이들이 성에 대해 제대로 배우고 이해하면 더 이상 궁금해하거나 찾아보지 않는다. 성교육 책은 아이들의 성에 관한 호기심을 적절히 충족해준다. 이제 어른들은 더 이상 성에 대해 숨기지 말고 솔직하고 건강하게 알려주자.

가장 좋은 방법 중 하나는 양육자가 먼저 성교육 책을 읽고 아이에게 알려주는 것이다. 아이와 함께 성교육 책을 읽는 것도 좋다. 양육자에게 아이들이 읽으면 좋을 성교육 책을 추천할 때도 반드시 먼저 읽어보라고 권한다. 내가 먼저 이해하지 못하면 아이에게도 제대로 가르쳐줄 수 없기 때문이다.

내가 진심으로 자녀를 아끼고 사랑한다면 최선을 다해 알려주는 것이 양육자이자 어른의 의무이다. 성교육 책을 통해 아이에게 올바른 성 지식을 알려주고 주체적인 성 가치관이 바로설 수 있도록 안내하자.

아이가 다 벗고 돌아다녀요

"초등학교 6학년 아들이 집에서 다 벗고 돌아다녀요. 아빠도 그러는데 점점 닮아가는 것 같아요. 아이가 사춘기가 되어 2차성징이 왔고 털도 나기 시작했는데 보기 불편합니다. 옷을 입으라고 해도 잘 안 듣는데, 그대로 놔둬도 괜찮을까요?"

집에서 다 벗고 너무 편하게 돌아다니는 아들 때문에 걱정하는 양육자들이 있다. 가정이라는 울타리 안에서 오랜 시간을 함께 보내며 사생활을 공유할 수 있는 존재가 바로 가족이다. 보통 한국 사회에서는 가족 구성원이 공유하고 함께 지내는 것이 익숙하다. 그래서 가족 간에 노출 예의와 적절한 선을 지키는 기준은 딱히 정답을 내릴 수 없는 영역이다.

하지만 경계 존중 교육에서 말했듯이 가족 안에서도 지켜야 할 '원칙'이 있다. 누구라도 불편함을 느끼면 바꿔야 한다는 것이다. 집에서 다 벗고 아무렇지 않게 돌아다니는 것은 서로의 경계를 존중하지 않는다는 것이다. 초등학생이 되면 가정뿐만 아니라 새로운 세상에서 다른 사람과의 경계도 존중해야 한다. 가정은 작은 사회이기 때문에 가정에서부터 원칙을 지켜야 한다.

가정에서 너무 자유롭게 돌아다니면 안 되는 이유

한 가정에서는 아빠하고 어린 아들이 아마존의 원시 부족처럼 자유롭게 벗고 돌아다녔다. 아빠도 어릴 때부터 집에서 편하게 자라왔기에 자연스러웠다. 그걸 지켜본 엄마는 "여보, 속옷이라도 좀 입어. 내가 다 민망하다. 창문을 통해 밖에 있는 사람들이 보면 어떡할 거야? 나도 그렇고 애들한테도 민망해"라며 옷을 입으라고 계속 말했다.

아빠는 "당신이 너무 예민한 거 아냐? 가족끼리 편한 게 뭐가 문제야. 가족끼리 있을 때만 그런다면 문제없어. 괜찮아"라며 대수롭지 않게 생각하고 넘어갔다. 그렇게 아빠와 아들 모두 집에서 벗고 돌아다니는 것이 점점 일상이 되어갔다.

그러던 어느 날 아이가 다니는 유치원에서 일이 터지고야 말았다. 아이는 유치원 수업 중에 자기 바지와 팬티까지 자주 벗고 돌아다녔다. 선생님이 그때마다 다시 입혔지만 아이는 편하다면서 계속 벗고 다녔다. 자신이 벗는 것도 모자라 친구들에게 같이 놀자며 바지와 팬티까지 벗기고야 말았다.

결국 유치원 성폭력 사건으로 번졌고 온 동네가 알게 되었다. 양육자가 유치원에 와서 피해 아이와 양육자에게 진심으로 사과했지만, 결국 동네를 옮기게 되었다. 이 사례에서 보듯이 우리 집에서만 그런다고 안심하면 절대 안 된다.

제지하되 자녀가 이해할 수 있도록 충분히 설명하라

자녀가 벗고 돌아다닌다면 "아들, 혹시라도 불편한 게 있어? 속옷이라도 입자. 다 벗고 돌아다니는 건 예의가 아니야"라고 말해주자. 한 번에 하기 힘들다면 속옷을 입는 것부터 점진적으로 알려준다. 보통 샤워하고 벗은 채 나와서 돌아다니는 경우가 많으니 아이가 샤워하러 들어갈 때 속옷이나 샤워 가운을 챙겨주자. 행동을 제지하되 이해할 수 있도록 충분히 설명해주면 된다.

강의를 나가면 보통 엄마들이 "아빠가 자꾸 벗고 돌아다녀요. 옷 좀 입으라고 해도 말도 잘 안 들어요. 어떡하죠?"라는 질문을 자주 한다. 힘들게 일을 마치고 집에서 편히 쉬고 싶은 마음은 충분히 공감하지만 적어도 민망하지 않을 정도의 차림은 갖추어야 한다. 나는 그럴 때 무작정 화내면 오히려 다툼이 일어날 수 있으니, 센스 있게 편한 기능성 속옷을 먼저 사주라고 권한다.

옷을 입고 다니는 것도 양육자가 먼저 모범을 보여야 한다. 양육자는 자녀의 탈선이나 성폭력이 걱정되어 매번 주의를 기울이고 조심하라고 말한다. 그러나 정작 자신이 조심하지 않고 알몸으로 벗고 다닌다면 아이들이 무엇을 배울까?

성교육은 인성 교육이므로 양육자가 먼저 자녀 앞에서 모범을 보이는 것이 중요하다. 가정에서 이런 예절 교육이 잘돼야 자녀가 예의 있고 존중하는 사람으로 성장한다. 성교육은 양육자 모두의 역할이라는 것을 기억하고 자녀에게 예절 교육을 시작하자.

여자처럼 행동하는 아들, 어떻게 하죠?

"초등학교 2학년인 아이가 자꾸 여자 인형을 좋아해요. 나가서 운동하는 것도 싫어하고 집에서 거울 보면서 꾸미는 걸 좋아하는데 마치 여자처럼 행동하는 것 같아 불편합니다. 제 아이는 남자답게 잘 크면 좋겠는데 괜찮은 걸까요?"

아들이 여자 인형을 좋아하고 꾸미는 게 큰 문제가 있는 것일까? 이런 이야기를 들을 때마다 크게 걱정하지 않아도 된다고 말한다. 아이가 성장하는 과정에서 충분히 겪을 수 있는 일이고 이상한 것도 아니기 때문이다. 아이가 문제가 아니라 사회가 정한 성 고정관념이 문제인 것이다. 행여 이런 행동이 문제가 있다고 여겨 아이를 다그치거나 못하게 막으면 아이는 주눅 들고 힘들어할 것이다.

사실 '남자다움, 여자다움'이라는 것은 존재하지 않는다. 남자다움, 여자다움이라는 것이 무엇이며 어떻게 표현할 수 있는가? 성평등 교육 수업을 진행하며 학생들에게 "남자답게 행동해보세요! 여자답게 행동해보세요!"라고 말하면 재미있는 상황이 벌어진다. 서로 남자답게, 여자답게 행동하는 걸 굉장히 어색해하고 어려워한다.

앞에 나온 학생이 어색하게 남자다운, 여자다운 모습을 따라 하면 아이들은 모두 깔깔깔 웃는다. 나에게 맞지 않는 성 고정관념대로 행동하는 게 이상하기 때문이다.

성 고정관념이 아이의 재능을 제한한다

성 고정관념은 아이가 발달하고 성장하는 과정에서 많은 문제를 일으킨다. 개인마다 다른 재능과 취향, 선호도가 성별에 따라 억제되고 강요되기 때문이다. 양육자들이 별 생각 없이 내뱉는 말에서도 아이들은 성 고정관념을 아주 자연스럽게 습득한다.

여자아이에게 칭찬의 의미로 "예쁘다"라고 하거나 남자아이에게 "남자가 울면 안 되지"라고 하는 말들이 그렇다. 어른들이 무의식적으로 하는 말과 행동이 아이에게는 자신이 취해야 할 적합한 행동과 가치관을 규정짓는 잣대가 된다.

이렇게 자란 아이는 점점 자기 결정권을 잃어버리고 사회에서도 남의 눈치를 심하게 보게 된다. 결국 아이가 자유롭고 주체적으로 자라지 못하는 것이다. 보통 남자와 여자가 싸우면 "남자는 여자를 때리면 안 돼!"라고 가르치는데 이는 잘못된 교육 방법이다. "사람은 사람을 때려서는 안 된다"라고 가르쳐야 한다.

유럽 성평등 연구소는 성 고정관념이 사람의 천부적인 재능과 능력 발달을 제한할 수 있다고 정의했다. 아이들은 물론 성인들도 성에 대한 고정관념에 노출되면 교육과 전문적인 경험, 다양한 기회를 제대로 활용할 수 없다고 보고 있다.

남자다움이 아닌 '나다움'이다

더 이상 남자다움이라는 세상의 답답한 틀에 아이를 가두지 말자. 이제 아이의 한계를 규정짓는 남자다움이라는 틀에서 벗어날 때다. 이런 틀에서 벗어나야 아이가 자유롭고 건강하게 성장한다. 성 고정관념에서 벗어나 아이를 건강하게 양육하는 멋진 아빠가 있다. 연기자 봉태규 씨다.

봉태규 씨는 2020년 한 드라마 제작발표회에서 치마를 입고 나왔다. 그는 자신이 입은 치마는 성별의 구분 없이 입을 수 있는 옷이라고 했다. 지금까지 바지라는 한정된 아이템만 입고 살아서인지, 치마는 놀라울 정도로 신선하고 멋지다고 했다.

그는 어떤 경계가 사라진다는 건 개인에게 놀라울 만큼의 자극을 주고 새로운 우주가 펼쳐지는 것이라고 했다. 아들도 교복을 입게 된다면 선택 사항에 치마가 있으면 좋겠다고 했다. 봉태규 씨는 치마 착용을 통해 성 고정관념을 벗어난 것이다.

봉태규 씨는 KBS 프로그램 〈슈퍼맨이 돌아왔다〉에 아들 시하와 함께 출연했다. 그때 아들이 백설공주 옷을 입고 나와 사람들이 "남자인데 그런 옷 입어도 괜찮나요?"라고 성 정체성을 걱정했다. 봉태규 씨는 SNS를 통해 "시하는 핑크색을 좋아하며 사회가 만들어놓은 기준이 아닌 '시하의 행복'이 가장 우선"이라고 답했다. 그에게는 사회의 기준보다 아이의 기준과 행복이 우선이었다.

이렇듯 성평등한 관점은 아이에게 '공감 능력'을 높여주고 '존

방송에서 백설공주 옷을 입은 시하

드라마 제작발표회에서 치마를 입은 봉태규

중'의식을 길러준다. 성평등 교육은 나와 너를 차별하지 않고 서로를 존중하는 교육이다. 다원화되고 급변하는 사회 속에서 이제 성평등은 선택이 아닌 필수 요소다. 남자다움이라는 좁디좁은 우물을 나와 '나다움'이라는 더 큰 세상의 바다로 아이가 나갈 수 있도록 해주자. 이제 남자다움이 아닌 '나다움'의 세상이다.

아이가 양육자의 성관계를 목격했어요

"열한 살인 아이가 저희 부부가 성관계하는 모습을 목격했어요. 아이가 화장실을 가려고 일어났다가 소리를 듣고 안방문을 열고 보더니 '둘이 뭐 해?'라고 묻더군요. 너무 놀라 허둥지둥 옷을 입었지만 늦은 것 같아요. 혹시 아이가 충격을 받지 않았는지 걱정됩니다."

엄마 아빠가 성관계하는 모습을 자녀가 봤다는 생각만 해도 당황스럽고 난감할 것이다. 아이가 수업 시간에 배우거나 상상했던 일을 실제 목격하는 것은 대단히 큰 충격일 수 있다. 그동안 양육자의 친밀한 스킨십을 자주 보았어도 이보다 강렬할 수는 없기 때문이다. 자녀뿐만 아니라 양육자가 받았을 충격도 이만저만이 아니다.

그래서 성관계를 하기 전에 방문은 잘 잠갔는지 반드시 점검하고 문을 열기 전에 노크를 하도록 교육해야 한다. 양육자가 먼저 자녀의 방에 들어갈 때 노크를 하면서 서로의 사생활을 존중해주는 것이 중요하다. 더불어 자녀에게 양육자 방에 들어올 때는 노크해야 한다는 것을 가르쳐주자. 어릴 때부터 노크와 사생활 존중 교육이 필요한 이유 중 하나다.

아이의 감정을 공감하고 대화하기

유아 때는 잘 모를 수 있지만 열한 살 정도면 이제 성관계에 대해 어느 정도 알 수 있는 나이다. 일단 부부 성관계를 들키면 당황스럽기는 하지만 아이의 감정을 공감하고 대화하는 것이 우선이다. 여기서 하지 말아야 할 것은 마치 아무 일도 없었다는 듯 넘어가는 것이다. 이렇게 덮고 넘어가면 양육자와 자녀 모두 어색하고 불안해진다. 그리고 아이도 성에 대해 부정적인 선입견을 가질 수 있다. 양육자가 당당하고 담담하게 생각해야 어렵지 않게 이 상황을 풀어갈 수 있다.

이 일로 아이를 놀라게 한 것에 대해서는 미안할 수 있다. 그러나 부부의 성관계는 서로 사랑해서 하는 깊은 몸의 대화다. 성관계는 부부 사이의 중요한 소통이기 때문에 아이와 성에 관해 이야기하는 것을 두려워하지 말자. 우선 양육자의 성관계를 본 아이의 기분이 어떤지를 살피고 적절하게 대응해야 한다. 아이는 성관계에 대해 놀라움, 두려움 등 여러 가지 감정을 느낄 수 있다.

"많이 놀랐다면 미안해. 엄마와 아빠는 서로 어른이고 결혼해서 사랑을 나눈 거야. 네가 본 건 서로 사랑하는 두 사람이 동의를 얻고 하는 행동이야. 엄마, 아빠는 서로 사랑해서 한 거니까 너무 걱정하지 않아도 돼"라고 말하고, 아이의 반응을 살펴보자.

아이도 처음에는 충격을 받을 수 있지만, 점점 성장하면서 어느 순간 양육자를 이해하게 된다. 평소 양육자와 자녀 사이가 좋아 충분히 성에 대한 대화를 나눴다면 크게 걱정할 일은 아니다.

애당초 들키지 않는 게 최선이다

사실 양육자의 성관계를 목격했을 때 아이도 충격을 받지만 양육자가 더 큰 충격을 받는다. 마치 방에서 몰래 자위하다가 양육자에게 걸린 아이처럼 말이다. 이러면 부부의 성관계가 위축되어 자칫 섹스리스 부부가 될 수 있다.

때로는 아이를 잠시 맡기고 부부가 호텔이나 아름다운 여행지에 가서 성관계를 하는 것을 추천한다. 이런 곳에서는 아이의 눈치를 보지 않아도 된다. 그리고 집에서 성관계를 하게 된다면 문이 잠겼는지 꼭 체크하자.

혹시나 성관계를 하는 모습을 아이가 보더라도 너무 자책하지 말자. 부부의 사랑을 나누는 성관계는 부끄럽거나 잘못된 것이 아니다. 그래도 애당초 아이가 보지 않게 하는 것이 최선이다.

3장

10대 아들, 성 관념을 바로 잡아라

2차성징에 대한 교육은 언제 해야 하나요?

"아이가 중학교 1학년입니다. 키도 쑥쑥 크고 성기부터 시작해 겨드랑이에도 털이 나기 시작했습니다. 2차성징이 나타나는 것 같은데 여기에 대한 교육은 언제 해야 할까요?"

2차성징 교육은 개인차가 있긴 하지만 늦어도 초등학교 고학년 때쯤에는 해야 한다. 요즘 성조숙증으로 인해 빠른 아이들은 초등학교 저학년 때 2차성징이 나타나기도 한다. 내가 운영하는 자주스쿨에서도 초등학교 고학년이면 2차성징과 사춘기에 대한 교육을 진행한다.

남자아이의 2차성징, 몸과 마음의 변화

개인차가 있지만 보통 11~13세 정도 되면 성장호르몬과 성호르몬이 많이 만들어지며 급격히 키가 크고 몸무게가 는다. 이처럼 성장하면서 신체 발달과 함께 나타나는 성적 특징을 2차성징이라고 한다. 2차성징이 시작되면 뇌하수체에서 호르몬이 분비된다. 뇌하수체는 정소에서 남성호르몬을 만드는 역할을 촉진하면서 성장을 이끈다. 아이는 보통 2차성징이 일어나면 다음와 같은 변화를 겪는데, 양육자는 이를 숙지하고 자녀에게 알려주는 것이 좋다.

사춘기 몸의 변화

키가 커지고 몸무게가 늘어나며 생식기, 겨드랑이 주변에 털이 난다. 피지 분비가 왕성해지고, 여드름이 난다. 남자아이는 수염이 나고 변성기가 오며 음경과 고환이 커진다.

사춘기 마음의 변화

자아 정체감을 형성하고 자기만의 경계가 생긴다. 감정 기복이 심해지며 간섭받는 것을 싫어한다. 작은 일에도 웃고, 울고, 화내기도 한다. 양육자보다 친구들과 같이 있는 시간을 더 좋아한다. 외모와 연애에 관심이 커지고 성에 대한 호기심이 커진다.

자기표현을 잘하는 '단단한 아이'로 키우자

보통 사춘기 자녀를 '초4병', '중2병'이라고 말하며 가볍게 볼 때가 있다. 자신만의 세계를 형성하고 고민하는 자녀에게 사춘기를 단지 문제가 있거나 '병'이라는 말로 부정적으로 보면 안 된다.

양육자는 자녀가 사춘기가 되면 갑자기 변했다고 하는데, 자녀가 변한 것이 아니라 이제 자아 정체감을 형성하고 자기표현을 하기 시작한 것이다. 이때 성교육을 통해 건전한 성 가치관과 성 정체감이 형성되도록 안내해야 한다. 사춘기 청소년들이 몸과 마음의 변화를 자연스럽게 받아들일 수 있도록 가정에서 적절한 환경 및 여건 조성 등이 필요하다. 자녀 방에 들어갈 때도 반드시 노크를 하고 경계를 존중하자. 아이가 좋아하는 취미 생활을 적어도 하나 이상은 할 수 있도록 지지해주는 것도 좋다.

사춘기는 자녀가 신체적·정신적으로 성장하고, 이러한 성장에 적응하는 시기다. 이때 자녀가 자기표현을 잘할 수 있도록 평소에 공감하고 들어주어야 한다. 오은영 박사는 "육아의 목표는 자녀의 독립"이라고 말한다. 이제 자녀를 내 말을 잘 듣는 아이가 아닌, 자기표현을 잘하는 '단단한 아이'로 키워야 한다. 성교육을 통해 자녀가 독립적이고 주체적인 사람으로 성장하도록 이끌어주자.

성교육, 나중이 아닌 바로 지금이다

사춘기를 겪는 자녀에게 성교육은 무척 어렵다. 어릴 때처럼 양육자의 말을 고분고분 잘 듣는 것도 아니고 때로는 대화조차 싫어한다. 그러나 사춘기 때 성교육은 필수다. 이때의 성교육은 복습이다. 어린 시절에는 기본적인 성교육을 하고 사춘기가 되면 조금 더 구체적으로 교육하는 것이다. 자녀가 사춘기가 되서야 시작하려고 하면 늦을 수 있다. 그래서 어릴 때부터 미리 성교육을 하며 자녀와 충분하게 대화해야 한다. 지금이라도 늦지 않았다. 사춘기를 올바르게 이해하고 아이가 무엇을 좋아하는지 관심을 갖자. 하루에 단 10분 만이라도 자녀와 대화해보자. 그러면 자연스럽게 자녀에게 성교육을 할 수 있을 것이다.

아이가 몽정을 시작한 것 같아요

"아이가 몽정을 한 것 같아요. 어느 날 새벽에 깨더니 고추에서 갑자기 뭔가 나왔다고 하네요. 오줌은 아닌 것 같고 진득진득한 액체라고 합니다. 이게 몽정이 맞나요?"

사정, 몽정, 유정에 대해 알기

자는 중에 소변이 아닌 진득진득한 액체가 나왔다면 몽정이 맞다. 엄마들은 아들이 몽정했을 때 어떻게 하면 좋을지 물어본다. 몽정에 대해 이해하기 위해서는 사정, 유정에 대해서 알아야 한다. 남자의 정자가 음경 밖으로 배출되는 경우는 세 가지다. 바로 사정, 몽정, 유정이다. 이걸 다 알아야 아이에게 몽정에 대해 더 쉽게 설명할 수 있다.

사정(射精)

남성의 생식기에서 정액을 반사적으로 내쏘는 일이다. 생식기에 가해지는 자극 때문에 사정 중추가 흥분하면 일어난다. 보통 자위나 성관계를 할 때 배출된다.

몽정(夢精)

2차성징 이후의 성숙한 남성이 수면 중에 사정하는 현상이다. 2차성징이 진행되는 청소년기에 처음 경험해 평생 일어난다. 발기 상태에서나 발기가 되지 않은 상태에서나 일어날 수 있으며, 몽정 이후 잠에서 깰 수도 있고 계속 수면을 이어갈 수도 있다. 빈도는 사람마다 다르다. 청소년의 경우 대부분 몽정을 경험하지만, 전혀 경험하지 않는 경우도 있다. 사춘기 청소년 대부분이 몽정으로 첫 사정을 경험한다.

몽정은 꼭 야한 꿈을 꾸면서 사정하는 것이 아니다. 그리고 모든 남성이 몽정을 경험하는 것도 아니다. 자위를 먼저 했을 경우 몽정을 경험하지 않을 수도 있다. 그리고 따로 정자를 배출하지 않아도 정자는 체내에 흡수되기도 하고 유정을 통해서도 배출된다.

유정(遺精)

성행위와 관계없이 무의식적으로나 잠을 자지 않아도 사정하는 경우를 말한다. 보통 일상생활 속에서 자신의 의지와 상관없이 조금씩 나온다.

몽정 파티는 그만, 관계 형성이 우선이다

성교육을 하면 특히 엄마들이 "아들의 몽정 파티를 해주는 것이 좋나요?"라는 질문을 한다. 그때마다 말씀드린다. "아들의 몽정을 존중하고 축하하고 싶은 마음은 공감합니다. 하지만 굳이 오버해서 하지 않아도 됩니다. 준비되지 않은 상태에서 몽정 파티는 아들에게 부끄럽고 부담스러운 일일 수 있습니다."

자녀와 미리 성에 관한 대화를 충분히 나누거나 관계가 좋지 않은 한 굳이 파티까지는 하지 말라고 권한다. 예민하고 감수성이 높은 사춘기에 몽정 파티는 축하 파티가 아니라 부담 파티다. 사춘기 시기에는 양육자에게도 자기만의 비밀을 말하고 싶지 않다. 이럴 때 공개적으로 몽정 파티를 해버리면 어떨까? 아이로서는 너무 부끄럽고 수치심을 느낄 수 있다.

사회적 관념이나 시각에서 몽정 파티가 그동안 없었던 이유다. 어느 정도 아이와 성에 관한 대화를 나누고 관계 형성이 이루어졌을 때 하는 것이 바람직하다. 파티보다는 축하한다며 작은 선물을 주는 선에서 끝내도 좋다.

몽정에 대해 자연스럽게 받아들이도록 알려주기

보통 몽정을 한 아이에게 '남자'가 되었다고 축하한다고 말하는데, 몽정은 남자가 되어가는 과정이 아니다. 몽정하지 않아도 이미 남자다. 몽정한다는 것은 남자가 되는 과정이 아니라 자연스러운 성장 과정이라고 말해주면 된다.

예전에 내 성교육 강의를 들었던 엄마 중 한 분이 "아들이 몽정을 했을 때 어떻게 하면 좋을까요?"라고 질문을 했다. 나는 "어머님, 아들이 몽정을 하게 된다면 부담을 주지 않는 선에서 축하

한다며 선물을 주고 대화를 나눠보세요"라고 말했다.

그 이후 엄마는 아들이 원했던 스마트폰을 선물로 주며 이렇게 말했다.

"아들, 몽정한 거 이야기해줘서 고마워. 처음에는 좀 당황스러웠지? 몽정한다는 것은 건강하게 잘 자라고 있는 거래. 엄마, 아빠는 네가 대견하고 고맙다. 엄마는 여자다 보니 너에게 어떻게 말해줘야 할지 어색하고 고민했어. 며칠 전에 강의를 들었는데 선생님이 이건 아주 고맙고 아름다운 일이라고 하더라. 네가 건강하게 성장하고 있다는 증거래. 축하해!"

아들은 자신의 마음을 이해해주고 선물까지 줘서 너무 고맙다고 했다.

아이가 몽정을 한다면 간단한 처리 방법도 알려주면 좋다. "젖은 팬티는 깨끗이 빨고 몸도 씻은 뒤에 새 팬티로 갈아입으면 돼"라고 말해주자. 이렇게 양육자가 잘 설명해주면 아이는 몽정과 자신의 몸의 변화에 대해 자연스럽게 받아들일 것이다.

아이가 인터넷으로 '여자 가슴, 성기'를 검색해서 봤어요

"강사님, 아이가 인터넷으로 '여자 가슴, 성기 빨기'를 검색해 봤습니다. 처음 발견했을 때 어찌나 놀라고 떨리던지, 왜 이런 걸 검색했냐고 저도 모르게 화를 냈는데 자꾸 후회되네요. 이럴 때는 어떻게 해야 할까요?"

아이가 인터넷으로 성과 관련된 단어를 검색했을 때 양육자들은 다양한 반응을 보인다. 보통 이런 상황이 생기면 "애들이 그럴 수도 있지" 하고 넘어가는 양육자가 있고, "그런 거에 빠져 문제 생기면 어떡해요"라고 걱정하는 양육자도 있다.

일반적으로 청소년기는 성에 대한 호기심이 왕성하다. 양육자, 선생님 같은 어른들의 시선을 피해, 호기심에 성과 관련된 단어를 검색하고 접하는 경우가 있다. 여기서 중요한 것은 이런 검색에 대한 평가와 비난보다는 대화다. 무작정 혼내지 말고 성교육을 통해 분별력과 판단력을 길러줘야 한다.

넘치는 성 표현물, 피하지 말고 아이와 대화하기

성과 관련된 사진과 영상이 쓰나미같이 넘치는 세상이다. 단

한 번의 클릭만으로도 언제, 어디서든 성과 관련된 표현물을 볼 수 있다. 당장 구글이나 유튜브 검색만 하더라도 여성들이 속옷 정도만 걸치고 있는 사진이나 영상들이 즐비하다. 특정 신체 부위만 입력해도 나체 사진이나 영상이 무수히 뜬다.

이뿐만이 아니라 게임이나 만화에서도 선정적인 장면이 차고 넘친다. 게임이나 만화를 보면 남성 캐릭터에 비해 여성 캐릭터는 유난히 더 몸매가 드러나는 옷을 입고 있다. 이런 표현물들은 현재 아이들의 문화와 밀접하게 연결되어 있고 양육자가 일일이 막을 수 없다.

보통 이런 일이 생기면 양육자는 혼을 내거나 아이의 휴대전화를 뺏는다. 그리고 인터넷에 접속하지 못하도록 차단해버린다. 이런 호기심과 궁금증이 아이를 이상하게 만들까 봐 무작정 막기에 급급한 것이다. 이미 본 아이를 혼내거나 무조건 막는 것은 크게 의미가 없다. 이럴수록 아이는 양육자에게 더 숨기며 성과 관련된 대화를 하지 않을 것이다.

차라리 이 일을 통해 성교육을 하는 계기를 마련하는 것이 현명한 방법이다. 따로 시간을 내어 아이와 대화를 시도해보자. 아이와 편안하게 대화를 나눌 수 있을 때 어떻게 해서 보게 되었는지 물어보자.

"아들, 아빠가 아들이랑 대화 나누고 싶은 게 있어. 정말 궁금해서 물어보는 거야. 네가 XX 사이트에 여자 가슴과 성기를 검색한 걸 봤어. 아빠도 솔직히 처음에 놀랐는데 너와 대화를 나누고 싶더라. 왜 검색하게 된 거야? (아들이 이야기한다) 그래, 궁금해서 검색한 것 같은데 그런 사진이나 영상은 굉장히 자극적이고 문제가 될 수 있어. 앞으로는 보면 안 돼. 너를 생각하고 걱정돼서 하는 이야기니까 아빠 말 꼭 지켜줘."

이런 성적 표현물은 여성을 인격체로 보지 않고 성기와 행위만을 단편적으로 보여주며 잘못된 성 가치관을 심어준다. 대화 과정에서는 자녀가 수치심이나 죄의식을 느끼지 않도록 너무 추궁하지 말고 부드럽게 말해야 한다. 강압적인 분위기보다 수용적인 분위기에서 대화를 하도록 노력하자. 만약 아이가 그 주제에 관해 대화하기 싫다면 잠시 미루고 다음에 나눠도 좋다.

그냥 넘기지 말고 성교육을 하자

인터넷으로 성과 관련된 사진이나 영상을 검색했을 때 그냥 넘겨서는 안 된다. 나중에는 가슴, 성기뿐만 아니라 더 자극적이고 왜곡된 음란물을 검색해서 볼 수 있다. 정 걱정된다면 컴퓨터와 스마트폰에 유해물 차단 앱을 설치하라. 그리고 스마트폰 사용 시간을 정해서 아이가 스마트폰을 필요 이상으로 사용하지 않도록 하자.

그리고 아이 수준에 맞게 우리 몸의 아름다움과 소중함에 대해 알려주는 성교육이 필요하다. 이런 것을 보더라도 성교육을 통해 문제가 있다는 걸 알고 극복할 수 있도록 힘을 길러줘야 한다. 양육자가 말해주기 힘들다면 성교육 기관에 의뢰해 건강한 성에 대해 알려줄 수 있는 전문가를 찾아 교육을 받도록 하자.

가장 효과적인 해결책은 양육자와 자녀의 대화라는 것을 거듭 강조한다. 그래서 평소에 성과 관련된 대화를 자주 나누는 것이 필요하다. 아이들이 성을 건강하게 배울 수 있도록 지금 당장 성교육을 시작하자.

유해물 차단 스마트폰 앱, 컴퓨터 프로그램 설치하는 방법

- 스마트폰 유해물 차단 앱 설치 : 안드로이드 구글 플레이스토어, 애플스토어 접속 → 유해물 차단 앱 검색 후 자녀 스마트폰에 설치
  설치를 완료하면 청소년이 유해물 접근 시 유해물 차단 앱이 작동해 유해물 정보를 막아준다.
- 컴퓨터 유해 차단 프로그램 → 불법 유해 사이트 차단 프로그램 검색 후 설치

아이가 음란물을 봅니다. 못 보게 해야 하나요?

"중학교 1학년 아들이 음란물을 보는 것을 알게 되었어요. 아이 스마트폰의 유튜브 지난 검색 목록을 보니 '여자 가슴, 딸딸이, 여자 몸 몰래 보기'를 검색했더라고요. 검색 내용에 너무 놀라고 섬뜩했어요. 그냥 놔둬도 되는지, 보지 못하게 해야 하는지, 어떻게 해야 할까요?"

결론적으로 음란물은 자녀가 보지 않게 하는 것이 맞다. 음란물을 보는 것 자체가 불법이고 아이들에게도 악영향을 미치기 때문이다. 대신 자녀와 음란물에 대해 충분히 대화를 나누고 분별력과 판단력을 기를 수 있도록 도와야 한다.

무차별적으로 노출된 음란물, 뽀로로 시청 중에도 나온다

우리 아이들은 음란물의 홍수 속에 살고 있다. 스마트폰의 보급으로 인해 이제 아이들도 언제, 어디서든지 음란물을 볼 수 있다. 인터넷이나 SNS에 특정 단어만 입력하면 수백 개가 넘는 음란물이 뜬다는 것을 아는가? 별도의 인증 절차도 필요 없어 초등학생들도 쉽게 접할 수 있다. 구글이나 유튜브에 단 한 번의 클릭만으로 볼 수 있다. 성인물뿐 아니라 성 관련 게시글들이 뜨는

데 사실 성인 인증 없이도 아무나 쉽게 접할 수 있다.

심지어 뽀로로 극장판 시청 중 성인물이 등장한 경우도 있다. 기사에 따르면 국내외 방송 채널과 콘텐츠를 제공하는 '웨이브'에서 뽀로로 극장판을 시청하던 중에 성인 남녀가 침대에 있는 모습이 나왔다. 어린 유아와 아동 시청 콘텐츠에서 발생한 것으로 충격적인 사건이었다. (이가영, 〈뽀로로 영화 보는데 남녀가 침대에… 웨이브 성인물 대참사〉, 중앙일보, 2021. 1. 30.)

뽀로로에 '포르노'가 나올 줄 상상도 못 했다. 음란물을 영어로 하면 포르노다. 포르노에 대해 말하면 아이들이 자주 "뽀로로요?"라고 묻는다. 발음이 비슷하게 느껴진다고 생각해서 다시 정확히 알려주었는데 이런 일이 벌어질 줄 몰랐다. 아이들이 보는 프로그램에서조차 음란물이 나온 것을 보면 상황이 매우 심각하고 위험하다는 것이다.

음란물의 문제점, 따라 하는 아이들

음란물은 굉장히 폭력적이고 남성 중심적이다. 그 안에는 사랑이 없으며 비정상적이고 폭력적인 설정(근친상간, 강간, 불법촬영)으로 성행위를 한다. 마치 영화에서 17 대 1로 싸우는 주인공처럼 수많은 연출이 들어가 있기에 비현실적이다. 이런 음란물은 성폭력에 대한 감각을 떨어뜨리고 잘못된 성적 판타지를 갖게 한다. 건강하고 바람직한 성 인식을 가지는 데 음란물만큼 방해가 되는 것은 없다. 게다가 요즘은 실제 상황에서 촬영하고 유포하는 불법촬영물과 성착취물이 많다.

실제로 한 중학생 남자아이는 근친상간 음란물 영상에 계속 빠져들었다. 어느 날 양육자가 친척 집에 간 사이 초등학생인 여동생의 방에 들어가 여동생을 성폭행했다. 양육자가 집에 왔을 때 딸은 눈물을 흘리고 있었고, 아들은 자신이 순간적으로 한 행동에 죄의식을 느끼며 자학하고 있었다. 그 일로 인해 가족 모두 공황 상태에 빠졌다.

실제로 현 안전행정부가 2012년 발표한 〈청소년 성인물 이용 실태조사〉를 보면 음란물을 보고 변태적인 장면을 자연스럽게 여기게 됐다는 반응이 16.5%, 성추행·성폭행 충동을 느낀다는 답이 5%였다. 또 고교생의 20.3%가 음란물을 본 뒤 '따라 하고 싶었다'라고 응답했다. 이렇게 음란물이라는 바이러스는 현재 우리 아이들 문화 곳곳에 침투해 이들을 병들게 하고 있다.

음란물 대처 방법 세 가지

그럼 내 아이가 음란물을 본다면 어떻게 해야 할까? 여기에 현명하게 대처하는 세 가지 방법이 있다.

절대 겁주거나 혼내지 마라

음란물을 보는 아이를 발견했을 때 양육자와 아이 모두 당황한다. 양육자보다는 아이가 훨씬 더 당황하고 난처해한다. 들킨 것만으로도 부끄러운데 이때 겁주거나 혼내면 아이는 죄책감과 수치심을 느낀다. 그 이후에는 음란물을 보더라도 양육자에게 절대 이야기하지 않을 것이다. 당황스럽겠지만 침착하게 상황 파악부터 해야 한다. 상황 파악이 되었다면 "어떻게 해서 보게 된 거야? 혼내는 건 아니고 걱정되어서 그래"라고 이야기하며, 천천히 대화를 나눠라. 겁주거나 혼내지 않는 것만으로도 반은 성공한 것이다.

왜 나쁘고 잘못되었는지 서로 대화하라

음란물과 현실은 엄연히 다르다. 음란물에는 성의 3대 요소인 '사랑, 생명, 기쁨'이 없다. 성을 행위와 오락으로만 보고 자극적이고 적나라한 장면만 나온다. 음란물에는 사람에 대한 동의와 존중이 없고 피임조차 잘 하지 않는다. 특히 폭력적인 장면도 많고 여성을 도구나 물건으로 보며 성을 상품화한다. 심지어 AV(성인 영상물) 배우마저 음란물대로 하는 건 최악의 행위이니 절대 따라 하지 말라고 할 정도다. 이렇게 음란물이 왜 나쁘고 잘못되었는지 양육자는 아이와 대화를 통해 차근차근 설명해야 한다.

보고 따라 하면 절대 안 된다고 가르쳐라

컴퓨터로 인터넷 검색을 하거나 스마트폰에서 우연히 음란물이 떠서 볼 수 있다. 이렇게 우연히 볼 수 있지만 보고 따라 하면 절대 안 된다고 가르친다. 아이들이 음란물에 나온 성적인 농담이나 행위를 따라 하다 발생한 성폭력 사건이 수없이 많다. 우연히 음란물을 볼 수는 있으나, 음란물을 보는 것은 불법이고 그 안의 내용을 절대 따라 해서는 안 된다고 가르쳐야 한다.

음란물에 대처하는 세 가지 방법을 상황에 맞게 적절히 사용해보자. 이렇게 알려주었는데도 계속해서 음란물을 본다면 그때는 상담사나 성교육 전문가를 찾아 성교육을 받아야 한다. 음란물을 계속 보는 아이는 '시한폭탄'과 같다. 보는 것을 넘어 이걸 유포한다면 더욱 큰 범죄다. 언제, 어디서 사고가 터질지 아무도 모른다. 이제는 성교육을 통해 아이들에게 음란물을 이길 힘과 면역력을 길러줘야 한다. 그게 바로 양육자의 역할이다.

도를 넘는 아이의 혐오 표현, 어떻게 해야 할까요?

"어느 날 아들이 게임을 하는데 '아~ 씨X, 장애인 X끼' 등 입에 담기 힘든 심한 욕설을 내뱉더군요. 너무 놀라서 크게 혼냈어요. 그 이후로 안 쓰는 줄 알았는데, 온라인으로도 이런 욕들을 주고받고 있더라고요. 걱정입니다."

요즘 아이들의 혐오 표현이 우리가 알고 있는 것 이상으로 훨씬 심각하다. 현실뿐만 아니라 온라인상에서 이런 욕설이 낭자하고 만연하다. 온라인 시대를 사는 우리 아이들은 SNS, 게임, 친구를 통해 이런 혐오 표현을 배우고 따라 한다.

SNS, 게임을 통해 혐오 표현을 배우는 아이들

욕설에 대해 크게 제한이 없는 SNS에서는 BJ나 유튜버들의 욕설과 말이 아이들에게 큰 영향을 미친다. 특히 게임을 좋아하는 남자아이들은 게임에서 익명성이라는 무기로 이런 발언을 자주 주고받는다.

'롤(리그 오브 레전드)'이라는 게임은 팀을 맺어 상대방과 싸워 승리하는 게임이다. 이 게임 채팅방은 성과 관련한 혐오 표현과 양육자를 욕하는 패드립(패드립이란 '패륜'과 '애드리브'의 합성어로 양육자나 조상과 같은 윗사람을 욕하는 말)이 난무한다.

팀원이 잘하지 못하거나 상대방과 싸울 때 "애미, 애비 뒤진 새끼, 너희 아빠 살아있냐?, OO 엄마 3만 원 직거래합니다" 등 차마 입에 담지 못할 혐오 표현과 욕설을 내뱉는다. 친구들끼리도 아무렇지 않게 이런 욕을 하는 경우도 자주 있다.

이런 혐오 표현들은 성희롱과 고소 사건까지 이어지기도 한다. 게임에서 상대방에게 "미친, 창녀야!"라는 욕을 들은 여성이 상대방을 경찰에 신고했다. 잡고 보니 놀랍게도 초등학교 4학년 남자아이였다. 결국 양육자가 경찰서에 와서 죄송하다며 사죄했다. SNS나 게임을 규제하기란 쉽지 않기 때문에 평소에 혐오 발언을 하지 않도록 가정에서 자녀에게 알려주어야 한다.

말은 인품을 드러내며 부메랑이 되어 다시 나에게 돌아온다

이런 혐오 표현은 말하는 사람이나 듣는 사람 모두의 마음을 멍들게 한다. 몇 년 전 대학교 단톡방에서 공공연하게 성희롱을 주고받은 일이 드러나 세간을 떠들썩하게 한 일이 있다. 남학생들이 톡으로 여학생들의 외모를 평가하고 비교하다 못해 "얼굴이 별로니 봉지 씌우고 먹자, 맛있겠다, 첫만남에 강간해버려!" 등 비하하며 성희롱을 일삼은 사실에 많은 이들이 충격을 금치 못했다.

심지어 아이들을 가르칠 예비 초등교사의 단체 대화방에서도 이와 비슷한 사건이 일어났다. 상황이 점점 악화되자 대학교에서도 이런 상황들을 엄중히 보고 징계를 내리고 있다. 성적 비하 발언을 아무렇지 않게 쓰고, 비슷한 사건에 무뎌지면 점점 문제의식과 죄책감 없이 사용하게 된다. 실제로 초등학교 내에서 아이들끼리 단톡방이나 문자로 "ㅅㅅ하자, 니 꼬추 빨고 싶어, 보지 좀 만지자"를 말하다가 성폭력 사건으로 불거지기도 했다.

말이라는 것은 사람의 인품과 인격을 드러내는 도구다. 성에 대해 존중하는 말을 하지 못할망정 비하 발언을 일삼는 사람이 어떻게 사회에 적응하고 성숙한 사람이 될 수 있을까? 누군가를 성적인 대상으로 보고 비하 발언을 하는 것은 아이들에게 정서적으로 악영향을 미친다. 다른 사람을 비하하고 감정을 공유하며 동질감을 얻는 아이들이 나중에 어떻게 될지는 눈에 뻔하다. 나에게로 나온 말은 부메랑이 되어 나의 귀와 몸에 다시 스며든다. 무심코 던진 말 한마디에 그 사람의 인격과 품성이 드러난다.

혐오 표현은 어떤 상황에서도 금물, 단호하게 알려줘라

이제 정부와 사회에서 문제의식을 느끼고 문제 해결을 위해 뛰어야 한다. SNS나 게임을 만드는 회사는 윤리 의식을 높이고 이에 따른 적절한 조치를 해야 한다. 가정에서 비속어나 혐오 발언을 사용하는 자녀를 보았을 때 '아직 어리니까 그럴 수 있어'라고 함부로 넘기지 말자.

세 살 버릇 여든 간다. 그런 말들이 얼마나 자신과 상대방을 파괴하는지 양육자가 알려줘야 한다. “아들, 그 말이 어떤 뜻인지 알고 있어? 네가 아무리 화가 나도 그런 말은 절대 쓰면 안 돼! 너뿐만 아니라 다른 사람을 파괴하는 말이야. 아주 잘못된 표현이자 폭력이야”라고 단호하게 알려주자.

말은 화자의 의식을 반영한다. 사람의 화법, 즐겨 쓰는 표현과 단어에는 그 사람의 내면이 드러날 수밖에 없다. 특히 상황과 목적을 가지고 하는 말보다 일상어에서 더 분명하게 드러난다.

자녀가 일상 속에서 이런 말을 하는데 그냥 내버려두는 건 학대이자 방임이다. 특히 양육자가 먼저 자녀 앞에서는 더욱 존중하고 아름다운 말을 쓰도록 하자. 좋은 말을 쓰는 것도 훈련이다. 그 훈련을 가정에서부터 시작하자.

아이의 자위행위, 괜찮은 건가요?

"중학교 2학년 아이인데 자위를 하는 것 같아요. 자위하는 건 괜찮다고는 생각하지만, 너무 자주 해서 무리가 갈까 봐 걱정됩니다. 또 요즘은 음란물을 보면서 하는 것 같은데 어떻게 하면 좋을까요?"

어른과 아이 모두 자위에 관한 질문과 고민은 어디에서나 빠지지 않는다. 자위는 누구나 할 수 있는 자연스러운 행위이지만 누군가에게는 아직 부끄럽고 불편한 주제이기도 하다. 아이가 자위한다는 것을 알게 되면 대부분의 양육자는 어떻게 받아들이고 어떤 말을 해야 할지 난감하고 당혹스럽다.

아이가 자위하는 모습을 보게 된다면?

어느 날 방문을 열었는데 자녀가 방에서 자위하는 모습을 보았다면 어떨까? 매우 난감하고 당황스러울 것이다. 이럴 때는 심호흡을 하고 침착하게 대처하자. 먼저 지금 자녀와 자위라는 주제에 대해 대화를 나누기가 괜찮은지 돌아보자. 자위는 양육자나 자녀 모두에게 부끄러운 주제일 수 있기 때문이다. 어설프게 설명하거나 가르치려 든다면 오히려 서로가 불편해질 뿐이다. 이럴 때는 차라리 말을 꺼내지 않는 것이 현명한 방법이다.

시간이 지난 후에 천천히 대화를 시작해보자. 곧장 자위 이야기를 하는 것보다 우선 갑자기 방문을 연 것에 대해 사과하는 것으로 시작하는 것이 좋다. 그 이후에 아이가 자위하는 것을 인정하고 존중하며 천천히 대화를 나누면 된다. 대화가 잘된다면 자위에 대한 다음 세 가지 에티켓을 알려주면 좋다.

건강한 자위 에티켓 세 가지

사적인 공간에서 하기

자위는 매우 사적인 행동이다. 자위할 때 우선 자신만의 사적인 공간이 확보되어야 한다. 상호 합의가 되지 않은 상태에서 보여주는 건 성폭력이기 때문이다. 사적인 공간에서 하라고 말하되 양육자부터 자녀의 공간을 존중하자. 양육자가 자녀의 방에 들어갈 때는 노크를 해야 서로 난처한 상황이 발생하지 않는다.

청결과 안전이 우선

성기 부분은 약하고 예민하므로 세균에 노출되기 쉽다. 보통 손을 씻지 않거나 청결하지 않은 상태에서 자위를 할 때가 있다. 자위하기 전 성기와 손이 깨끗한지 확인해야 한다. 남자는 음경을 과도하게 문지르거나 압박하는 자위는 좋지 않다. 음경에 심한 자극을 주거나 상처를 낼 수 있는 도구를 사용해서도 안 된다.

뒷정리까지 깔끔하게!

양육자들이 아이 방을 청소하다가 휴지를 보고 자위를 알게 되는 경우도 있다. 자위하고서 제대로 정리하지 않으면 타인에게 불쾌감을 줄 수 있다. 자위 후에는 반드시 청소와 뒷정리까지 깔끔하게 해야 한다고 알려주자.

음란물 자위는 득이 아니라 '독'이다

아이들은 음란물을 보면서 자위할 때가 많다. 여기서 음란물을 본다고 무작정 혼낸다면 아이와의 대화 자체가 단절될 수 있다. 자위하는 것은 괜찮지만 음란물을 봐서는 안 된다고 알려주자. 음란물을 보는 것 자체가 불법이고 잘못되었기 때문이다.

비뇨기과 전문의는 강한 시각적 자극과 함께 자위를 자주 한다면 음란물 중독에 빠질 우려가 있다고 설명한다. 음란물을 자주 접하면 과도한 성 충동이 생겨 무리하게 자위를 할 수 있다. 음란물로 인한 수많은 발기 경험이나 빈번한 자위는 점진적으로 쾌감을 감소시키고, 성욕 감퇴와 발기부전까지 진행되어 성생활이 어려워지는 성기능 장애를 유발할 수 있다. 음란물을 보고 자위를 하는 것은 득이 아니라 '독'이다.

한 남학생은 음란물 자위에 중독된 나머지 쉽게 흥분했다. 어느 날은 음란물을 보면서 자위를 하려고 했는데, 바지를 내리는 도중에 곧바로 사정해버렸다. 학생은 수치심을 느꼈고 나중에 사랑하는 사람과 성관계를 제대로 하지 못할까 봐 무척 걱정했다. 그 당시 학생에게 자위할 때 음란물을 보지 않는 것이 가장 빠른 해결 방법이라고 조언했다.

교육한 지 한 달 후, 학생이 "선생님, 처음에는 힘들었는데 지금은 자위할 때 음란물을 보지 않아요. 보지 않으니까 제 몸에 더 집중할 수 있었어요. 마음이 더 편해지고 음란물에 집착하지 않게 되었습니다"라고 말했다. 성교육을 통해 학생이 음란물을 끊고 자신을 사랑하고 존중하는 방법을 알게 되어 다행이었다.

자위하는 아이, 걱정하지 말고 인정하자

아이가 자위하는 것을 알게 되었다면 걱정보다는 먼저 인정하자. 혹시 자위에 대한 부끄러움과 불편함을 가지고 있다면 조금씩 내려놓고 자연스럽게 생각하자. 자위는 건강상 이점도 많다. 〈미국의사협회저널(Journal of America Medical Association)〉에 실린 논문에 따르면 남성은 자위를 통해 전립선암 위험도 줄일 수 있다. 정기적으로 정자를 배출하면서 신선한 정자를 계속 만드는 것이 전립선에 좋다. 자위는 성적 긴장을 해소하고 관리하는 하나의 자연스러운 행위다. 건강한 자위를 통해 자신의 성적 욕구를 느끼고 수용하며 스스로 조절하는 법을 익힐 수 있다. 자위는 자녀가 자신의 몸의 주인이 되어 성을 주체적으로 이끌어 가는 데 도움이 될 것이다.

연애하는 아이의 스킨십, 어떻게 바라봐야 할까요?

"중학교 3학년 아들에게 여자친구가 생긴 것 같아요. 아이가 스마트폰으로 여자친구와 서로 "보고 싶어!"라는 톡을 주고받은 것을 봤습니다. 갑자기 가슴이 덜컹 내려앉더군요. 혹시나 스킨십 진도가 너무 빨리 나가지는 않을지 걱정됩니다. 어떡하죠?"

예전보다 연애에 대한 생각이 조금은 관대해졌지만 양육자들은 아직 걱정이 많다. 연애까지는 허락하지만 아이가 너무 깊은 스킨십을 하지 않기를 바라고 있다. 여기서 연애를 무작정 하지 못하게 하거나 간섭한다면 아이는 오히려 몰래 연애하고 양육자와 그에 대해 대화하지 않을 것이다.

우선 자녀와 이 주제에 대해 대화를 나누는 것이 중요한데, 먼저 양육자의 연애관부터 점검해야 한다. 내가 생각하는 연애가 무엇인지, 나는 연애를 어떤 경로와 방식으로 배웠는지, 연애할 때 스킨십은 어떻게 바라보는지 먼저 종이에 차분하게 적어보고 생각해보자. 그렇게 나의 연애관을 먼저 점검하고 자녀와 연애에 대해 대화를 나눠야 한다. 그래야 자녀와 이야기할 때도 무조건 강압적으로 말하거나 자신의 의견만 강요하지 않기 때문이다. 먼저 자녀와 대화가 되어야 연애와 스킨십에 대해서도 서로 조율할 수 있다는 것을 명심하자.

스킨십의 원칙, 동의와 합의

양육자가 아이의 스킨십을 어디까지 해야 하는지 이렇다 저렇다 정할 수는 없다. 설사 정한다고 하더라도 양육자가 말한 대로 지키지 못할 수도 있다. 이런 경우 죄책감만 심어줄 수 있다. 스킨십에 대해서는 원칙과 기준을 세워주는 것이 좋은데, 바로 동의와 합의다. 스킨십은 서로가 허락한 선에서 책임질 수 있는 만큼 하는 것이다.

'No means No(아닌 것은 아니다)', 'Only Yes means Yes(오직 예스만이 예스)'을 기억하고 말해주자. 스킨십은 명백하게 상대방이 '예스'라고 말해야 동의와 합의가 된 것이다. 분명한 '예스'가 아니면 '노'라는 것을 알려주자. 그리고 동의와 스킨십은 과거형이 아니라 현재형이다. 과거에 포옹이나 키스를 했어도 지금 싫다고 하면 반드시 멈춰야 한다.

이런 원칙을 말하며 자녀와 대화를 나누면 된다. "너는 연애하면 스킨십은 어디까지 괜찮다고 생각해?", "스킨십을 하고 싶어도 상대방이 싫다고 하면 어떻게 해야 할까?" 등 질문과 대답을 통해 서로 방향을 찾아가면 된다. 대화를 나누며 자녀의 의견이 다를지라도 충분히 들어보고 존중하자. 그래야 혹시 고민될 때 양육자에게 말할 수 있다.

양육자의 신뢰와 태도가 자녀에게 건강한 가치관을 심어준다

서울에서 3년에 걸쳐 소그룹 성교육을 10회 넘게 진행한 곳이 있다. 성교육을 받은 학생 중 한 명은 중학생 때부터 연애하기 시작했다. 이때쯤 엄마가 아들이 성과 연애에 대해 건강한 가치관을 갖도록 성교육을 요청했다. 중학생 때부터 고등학생 때까지 3년간 교육하며 학생을 봐왔는데, 사귀는 여자친구를 진심으로 좋아하고 존중했다.

스킨십에 대해서는 자신은 여자친구와 책임을 질 수 있는 범위까지만 한다고 말했다. 그 학생에게는 뽀뽀까지였다. 스킨십에 대해 말할 때 태도가 아주 밝고 당당했다. 실제로 이 아이는 여자친구에게 포옹할 때도 "안아도 돼?"라고 물어본다고 말했다. 머리부터 발끝까지 매너가 갖춰진 신사 같은 학생이었다.

이 학생이 이렇게 연애를 오랫동안 잘할 수 있었던 이유는 양육자의 신뢰 덕분이다. 양육자와도 연애와 스킨십에 관해 자연스럽게 대화를 나누니 문제가 딱히 없었다. 엄마는 "제가 먼저 연애하는 아들과 여자친구를 믿고 지지해주니, 아들도 저를 믿고 솔직히 이야기해주었어요. 덕분에 아들과도 사이가 좋아지고 친밀해졌답니다"라고 말했다. 자녀가 연애할 때 양육자의 신뢰와 태도가 중요하다는 것을 이들을 보면서 깨달았다.

연애와 스킨십, 간섭이 아니라 '관심'

자녀의 연애와 스킨십이 고민된다면 지나치게 간섭하는 것이 아니라 관심을 가지고 대화를 시작해보자. 앞서 말했던 사례처럼 연애와 스킨십에 대한 대화를 나눌 때는 자녀를 신뢰하고 건강한 태도로 관심을 갖는 것이 중요하다. 〈이성 교제가 청소년의 정신건강 및 학교 적응에 미치는 영향〉(오정화, 위덕대학교 일반대학원 사회복지학 전공 석사학위 논문, 2015)이라는 논문에 따르면 연애에 대한 가족의 분위기, 양육자의 가치관과 태도, 의사소통 등은 청소년의 연애에 많은 영향을 미치는 것으로 나타났다. 그만큼 연애를 바라보는 양육자의 관심과 태도가 중요하다.

자녀가 만나는 사람이 어떤 사람이고 왜 좋아하는지 이야기를 나눠보자. 자녀가 연애하며 궁금하거나 고민을 이야기할 때 친절한 상담자 역할을 하면 된다. 아이는 이런 과정들을 통해 양육자를 신뢰하고 더욱 단단하게 성장할 것이다. 이렇게 대화를 나누다 보면 양육자는 자녀와 가장 친밀한 친구가 될 것이다.

아들 방에서 콘돔을 발견했어요

"고등학교 1학년 아들을 키우고 있습니다. 아이 방을 치우다 옷 주머니에서 '콘돔'을 발견했습니다. 혹시나 성관계를 했을 거라는 생각에 가슴이 철렁 내려앉더군요. 어떡하죠?"

양육자로서는 가슴이 철렁 내려앉고 놀랄 수밖에 없다. 성인이면 몰라도 청소년기 자녀의 성관계는 걱정과 두려움이 앞설 수밖에 없다. 여기서 바로 아들을 불러 "도대체 이거 뭐야? 너 설마 이거 사용한 거니?"라고 다짜고짜 캐물으면 안 된다. 콘돔이 발견되었다는 것을 양육자가 알게 되면 아들도 매우 놀라고 당황스러울 것이다. 어떤 상황이든 대화로 차분하게 풀어나가는 것이 가장 중요하다.

오해하지 않고 자녀와 충분히 대화하기

콘돔이 발견되었다는 것만으로 아들이 누군가와 성관계를 했다고 생각하는 것은 금물이다. 혹시 학교나 다른 기관에서 받은 것일 수도 있고 호기심에 구입한 것일 수도 있다. 실제로 학교에서 콘돔 교육을 진행하면 가끔 처음 보는 콘돔이 궁금해서 선물로 달라는 아이들도 있다. 아이들은 콘돔을 쓰려고 하는 것이 아니라 처음 보는 물건이라 신기해서 갖고 싶은 것이다. 콘돔이 발견되었다고 해서 무조건 성관계를 했다고 생각하지 말자. 우선 마음을 차분히 가라앉히고 자녀와 대화하면 된다.

대화를 시작했다면 어떻게 해서 콘돔을 가지고 있는지 물어보자. "아들, 오늘 아들 방에서 콘돔을 발견했어. 혼내는 건 아니고 엄마, 아빠가 궁금해서 물어보는 거야. 솔직히 말해줘." 아이가 콘돔에 대해 알고 싶어서 샀을 수도 있고, 성관계를 하려고 샀을 수도 있다. 여자친구와 성관계를 했다고 말하면 그때는 안전한 장소에서 정확한 방법으로 콘돔을 사용했는지 물어보자.

자녀가 제대로 알고 사용하고 있다면 조금 한숨을 돌려도 된다. 하지만 잘 모르고 있다면 반드시 콘돔 사용법과 상대방에게 충분히 동의와 합의를 얻었는지 물어보자. 콘돔을 사용하더라도 임신할 수 있다는 사실을 알려주어야 한다. 100% 피임법이라는 것은 존재하지 않기 때문이다. 그리고 성관계는 충분한 준비가 필요하고 임신과 성병 등 책임져야 할 것이 있음을 알려주자.

매너가 사람을 안 만든다

양육자는 콘돔에 대해 너무 걱정하기보다 자녀와 차분히 대화로 해결하자. 예전에 방송인 신동엽이 모델로 등장한 콘돔 광고가 있었다. 여기에는 이런 문구가 있었다.

'Manners doesn't make man(매너가 사람을 안 만든다)' 이 문구

는 영화 〈킹스맨〉의 명대사 'Manners maketh man(매너가 사람을 만든다)'을 패러디한 것이다. 콘돔을 사용함으로써 매너를 잘 지켜야 임신과 성병을 예방할 수 있다는 것이다. 일반 콘돔은 성인용품이 아닌 누구나 구입 가능한 의료기구다.

콘돔을 사용한 것은 자신과 상대방의 몸을 존중하고 안전을 생각했다는 것이다. 참고로 우리나라의 인공임신중절률은 OECD 국가 중 최상위권이다. 아이가 콘돔을 사용했다는 것만으로 혼내지 않길 바란다. 자녀가 걱정되는 것은 어쩔 수 없는 양육자의 마음이다. 그러나 무작정 혼내면 자녀가 더욱 마음의 문을 닫을 수 있으니 대화를 통해 천천히 풀어가자.

피임에 대해서도 알려줘야 할까요?

"요즘 아이들은 일찍 성관계를 한다고 들었어요. 제 아들이 중학교 3학년인데 피임에 대해 알려줘야 할지 고민이 됩니다. 제가 보기에는 아직 이른 것 같은데 피임 교육도 해야 할까요?"

그렇다. 자녀에게 필수로 피임에 대해 알려줘야 한다. 어른들이 인정하든 인정하지 않든, 청소년 중 일부는 이미 성관계를 하고 있거나 언젠가는 이를 선택지로 받아들이게 된다. 아이들은 서로의 몸을 존중하고 보호하기 위해 피임 교육을 당연히 받아야 할 의무가 있다.

어떤 양육자들은 아이들에게 피임에 대해 알려주는 것은 성적인 행동을 다 해도 된다는 의미라고 잘못 생각한다. 이런 염려는 저기 멀고 먼 안드로메다에 두고 와도 좋다.

우리는 왜 안전교육을 받는가? 언제 일어날지 모르는 사고에 대비해서 받는 것이다. 아이들에게 안전 교육을 했다고 해서 다음 날 사고를 치지는 않는다. 이 안전교육을 소홀히 하면 대형사고로 이어지듯 피임 교육도 제때 잘 해주어야 더 큰 사고를 막을 수 있다. 피임 교육은 아이들에게 성관계를 조장하는 것이 아니라 성관계에 대한 책임감을 가르치는 것이다.

첫 성관계 평균연령 13.6세, 충격의 비닐봉지 피임

교육부·보건복지부·질병관리본부가 청소년 6만 40명을 대상으로 조사한 〈2018년 청소년 건강행태 조사통계〉에 따르면, 성관계 시작 평균연령은 만 13.6세였다. 성관계 경험이 있다고 응답한 청소년은 전체의 5.7%였다. 문제는 청소년의 낮은 피임 실천율이다. 같은 조사에서 청소년 피임률은 59.3%에 그쳤다. 성관계 연령이 낮아지는 가운데 피임을 지키지 않는다면 청소년 임신율은 높아질 수밖에 없다.

청소년들에게 반드시 피임 교육이 필요한 이유다. 피임기구 중 하나인 '콘돔'은 성인용품이 아니라 의료기구다. 청소년도 당연히 구매할 수 있다. 하지만 청소년이 콘돔을 자연스럽게 살 수 있는 사회 분위기는 아직 멀었다. 어른들은 여전히 아이들이 콘돔을 사는 것에 대해 부정적이고 불편해한다.

고등학교 학생들을 만나서 피임 교육을 진행한 적이 있다. 한 학생은 편의점에서 콘돔을 사려고 하다가 "학생이 무슨 콘돔이야? 너 이거 어디에 쓸 거야?"라고 호되게 야단을 맞았다고 한다. 그는 청소년이 사지 못할 물건도 아니고 다른 사람에게 피해를 주는 것도 아닌데 자신이 무슨 죄를 지은 것만 같았다고 말했다.

어른들의 이런 편견과 무지가 아이들을 더 벼랑 끝으로 몰고 있다. 예전에 청소년들이 인터넷으로 "비닐이나 랩으로 피임을 하고 있는데 괜찮을까요?"라고 물어보는 사건으로 떠들썩했다. 비닐봉지나 랩은 투과율이 높아 피임 효과가 없고 성장 중인 청소년의 생식기에 염증이나 감염 등을 일으키기 쉽다. 아이들이 사용하기에 말도 안 되고 매우 위험한 방법이다.

외국에서 배우는 성교육의 중요성

미국 노스캐롤라이나주립대학교 로라 비트만 교수 연구팀은 지난 30년간 진행된 청소년 2만 5,000명의 선행 연구를 메타 분석했다. 그동안의 연구 성과들을 살펴보니 피임법에 대해 양육자들이 걱정하는 것과 달리 오히려 반대 현상이 일어났다. 양육자로부터 성교육을 받은 자녀일수록 성관계를 가질 확률이 낮았고, 관계로 이어진다 해도 피임법을 준수하는 경향을 보였다.

"2010년 영국 정부의 통계에 따르면, 이미 성경험이 있는 16세에서 18세 청소년 절반 이상이 양육자의 역할에 대해 아쉬움을 표현했다"라며 "양육자로부터 안전한 피임법과 성에 관한 올바른 정보를 배울 수 있었다면 보다 안전한 행동을 했었을 것"이라고 대답했다.(김이진, 〈'10대'의 성교육, 부모 효과〉, EBS News, 2016. 1. 27.) 안전하고 올바른 성 인식을 심어주기 위해서 양육자의 성교육이 필요하다는 것을 보여주는 연구 결과다. 이렇듯 양육자로부터 제대로 된 성교육을 받은 아이일수록 선부른 성관계를 경계하고 신중한 태도를 보인다.

피임 교육을 통해 책임감에 대해 알려주자

현재 아이들은 빛의 속도로 성을 빠르게 접하고 있다. 어른이 따라가기에는 매우 버거운데 아직 양육자는 자녀를 보호해야 한다는 생각만 강하다. 양육자가 아이들을 그림자처럼 일일이 따라다니며 지켜줄 수 있을까? 이제 아이들이 스스로 판단하고 선택할 수 있도록 성교육을 해야 한다.

피임은 자신과 상대방의 생명과도 연관되어 있다. 원하지 않는 임신을 하게 되면 이후에 감당해야 할 것들(출산, 육아 등)이 무수히 많고 사회문제로 이어질 수 있다. 콘돔은 임신뿐만 아니라 성병에 대한 위험도 막아주기 때문에 반드시 교육해야 한다.

피임을 선택했다면 그에 따른 책임감에 대해서도 반드시 알려주자. 양육자가 피임 교육을 정하기 힘들다면 전문가에게 맡기는 것도 좋은 방법이다. 양육자가 하든 전문가에게 맡기든 더 이상 피임 교육을 피하지 말자. 성교육을 통해 사랑과 생명에 대한 책임감까지 알려주는 것이 진짜 피임 교육이자 양육자가 해야 할 역할이다.

아들이 여자친구와 성관계한 걸 알게 되었어요

"고등학교 2학년 아들이 여자친구와 성관계한 걸 알게 되었습니다. 아들 휴대전화를 봤는데 여자친구가 '나도 성관계는 처음이야. 할 때 좀 아팠는데 괜찮겠지?'라는 톡이 있었습니다. 순간 너무 놀라서 심장이 바닥까지 철렁 내려앉는 것 같았어요. 아이가 성관계를 한 것도 화나지만, 혹시 그 여자친구가 임신하지는 않았는지 자꾸 걱정됩니다."

청소년 자녀가 성관계한 것을 알았을 때 당황하지 않을 양육자는 없다. 아이에게 실망하고, 화가 나고, 걱정하는 등 온갖 복잡한 감정이 머릿속을 헤집고 다닐 것이다. 여기서 섣불리 아이에게 다짜고짜 화를 내면 안 된다. 걱정과 분노에 휩싸여 강압적으로 막아버리면 아이가 충격을 받아 양육자와의 관계마저 악화될 수 있다. 어렵고 힘들겠지만, 심호흡을 크게 한 번 하고 마음을 다스린 뒤 신중하게 행동해야 한다.

성관계 계획, 세우고 지켜야 할 것들 알려주기

우선 자녀도 '성적인 존재'라는 걸 인정해야 한다. 사람은 누구나 성적인 존재로서 성욕구를 가지고 있다. 10대들도 연애하고 스킨십을 하다 보면 자연스럽게 성욕구가 생긴다. 그만큼 자녀도 이런 선택을 할 수 있는 인격체라는 걸 인정해야 한다. 그리고 아이와 현재 상황에 대해 충분히 대화를 나눠보자. 일단 아이의 핸드폰을 허락 없이 본 것에 대해 사과하고 천천히 대화를 시작하면 된다.

"아들, 엄마가 너의 핸드폰을 보다가 여자친구랑 성관계한 걸 알게 되었어. 솔직히 너무 놀랐어. 우선 핸드폰을 너한테 허락받지 않고 봐서 미안해. 하지만 엄마는 지금 네가 너무 걱정돼서 이렇게 말하게 된 거야."

서로 충분히 동의하고 성관계를 했는지, 아니면 한쪽에서 강압적으로 하지 않았는지를 물어보자. 동의 없는 성관계는 성폭력이 될 수 있기 때문이다. 피임도 철저히 했는지 물어보자. 두 사람이 서로 합의하고 피임도 하고 안전하게 했다면 그나마 다행이다. 일단 한 고비는 넘긴 것이다.

동의와 합의를 얻지 않거나 피임하지 않았다면 반드시 여기에 대해 짚고 넘어가야 한다. 동의 없는 성관계는 성폭력이며, 단 한 번의 성관계로도 원하지 않는 성병과 임신의 위험이 있다는 것을 꼭 알려주자.

이와 함께 아이와 성관계 계획을 세워야 한다. 만약을 대비해 자녀가 건강하고 안전하게 성관계를 할 수 있도록 준비하자. 양육자가 24시간 내내 아이를 감시할 수도 없기 때문이다. 성관계를 계획하는 것이 성관계를 부추긴다고 생각하면 큰 오해다. 성관계에 대해 책임감을 기르는 것이고 혹시 모를 경우를 대비하여 안전하게 할 수 있도록 계획을 세우는 것이다. 자녀에게 안전하고 올바른 성 인식을 심어주기 위해 성관계를 계획하고 대화를 나눠야 한다.

양육자는 아이의 사랑의 울타리가 돼야 한다

양육자가 온종일 아이를 감시하며 모든 것을 관리하고 책임질 수 없다. 결국 양육자가 해야 할 일은 성교육을 통해 아이가 신중히 판단하고 행동할 수 있도록 돕는 것이다. 성관계도 아이가 주체적으로 선택하고 책임질 수 있도록 알려주자.

청소년 성관계는 무조건 해서는 안 되는 나쁜 것이라고 말하기보다, 단 한 번의 성관계라도 성병과 임신 등 책임질 게 무수히 많다는 것을 알려주자. 그럼 아이들은 지혜롭게 판단하고 신중히 결정할 것이다. 아이들을 벼랑 끝으로 밀지 말고, 믿어주고 보호해주길 바란다.

양육자는 아이의 사랑의 울타리가 돼야 한다. 이 울타리는 아이가 밖으로 나가지 못하게 막는 울타리가 아니라, 무슨 일이 생기더라도 와서 쉬고 위로받을 수 있는 울타리다. 설사 아이가 실수하더라도 따뜻하게 보듬고 아이를 감싸주길 바란다. 그래야 아이가 양육자를 믿고 신중하게 생각하고 행동할 것이다.

아이가 성소수자에 대해 궁금해합니다

"아이와 TV로 영화 〈보헤미안 랩소디〉를 봤습니다. 아이가 영화에서 주인공 남자가 다른 남자와 키스하는 걸 봤어요. 그걸 보더니 저에게 왜 남자가 남자에게 키스하냐고 물어보더라고요. 혹시나 이걸 보고 아이가 성에 대해 잘못 생각하거나 따라하면 어떡하죠?"

성소수자와 관련된 이슈는 항상 뜨겁다. 성에 대해 잘 모르면 불안하고 불편한 것처럼 성소수자에 대해 잘 모르다 보니 이런 걱정을 한다.

성소수자에 대한 오해와 편견

우리는 그동안 '이성애자'가 정상인 시대를 살아왔다. 한 번이라도 내가 이성애를 한다는 것에 대해 의심하거나 부정해본 적이 있는가? 아마 없을 것이다. 성소수자도 마찬가지다. 성소수자의 존재와 사랑에 대해서는 우리가 함부로 의심하고 부정할 수는 없다. 그런데도 우리는 그들의 존재를 부정하다 못해 날카로운 상처를 줄 때가 많다.

요즘 미디어에는 다양한 모습의 사람들이 나오고 그중에는 성소수자의 모습도 있다. 간혹 미디어에 나오는 성소수자의 모습이 아이들에게 노출되면 아이들이 성소수자가 될 수도 있다고 생각하는 사람들이 있다. 이건 위험한 생각일 수 있다. 성소수자는 삶의 여러 형태 중 하나일 뿐이다. 이상한 것도, 병적인 것도, 변태적인 것도 아니므로 비난이나 혐오의 대상이 되어서도 안 된다.

1973년 미국정신의학회는 동성애가 정신병이 아니라는 내용의 공식 입장을 표명했고, 이후 세계보건기구(WHO)를 비롯한 여러 단체가 수차례 성명서나 보고서를 발간해 동성애가 질병이 아니라는 점을 명확히 했다. 중요한 건 '성소수자'도 이 사회에서 함께 살아가고 있다는 것이다.

혐오와 차별 속에서 고통받는 아이들

중앙자살예방센터 미디어 정보팀장에 따르면 청소년 동성애자 중 절반은 자살을 고민하고 있다고 했다. 이들 중 30~40%는 자살을 시도한 적이 있다고 했다. 2013년 〈한국 엘지비티 사회적 욕구 조사〉 결과에 따르면 전체 응답자의 28.4%가 자살을, 35%가 자해를 시도했다고 한다. 차별이나 폭력을 경험한 성소수자의 40.9%는 자살을, 48.1%는 자해를 시도했다. 학교에 알려진 날에는 친구들에게 낙인이 찍히고 무차별적인 조롱, 차별, 폭력을 받는다. 실제로 이런 폭력으로 인해 또래 관계뿐만 아니라 양육자와 자녀 사이의 관계가 무너지는 경우를 자주 봤다.

중학생 아들을 키우는 한 양육자는 학교 선생님을 통해 아이가 동성애자라는 사실을 알게 되었다. 친한 친구에게 말한 것이 반과 학교로 퍼져 "너 게이냐? 아, 너무 싫어!"라며 따돌림을 받게 되었다.

양육자는 아이가 동성애자라는 사실을 도저히 용납할 수 없었다. 아이를 막무가내로 방에 가두고 회초리를 들고 "세상 창피하고 부끄럽다. 너 미친 거 아니냐?" 혼을 냈다.

흐느껴 우는 아이는 말했다. "내 편은 아무도 없네. 학교에서도 친구들에게 따돌림받고 맞고 다니는데, 엄마도, 아빠도 아무도 내 편이 아니구나. 나는 쓰레기 같은 존재구나"라고 말하며 가출했다. 양육자는 가출한 아이를 실종 신고까지 해서 겨우 찾았지만 아이는 또다시 집을 나갔다.

나중에 펑펑 울며 후회하는 양육자를 보며 안타까움을 느꼈다. 양육자마저 아이의 편이 안 되면 누가 아이의 편이 될까? 양육자는 아이가 성소수자라 할지라도 아이와 대화할 수 있어야 한다.

성소수자에 대해 아이가 물어본다면 우선 아이가 성소수자에 대해 얼마나 알고 있고, 어떻게 생각하는지 역으로 물어보자. 아이가 성소수자에 대한 편견을 가지고 있다면 양육자는 '존중'에 대해 설명하면 된다. 그리고 아이가 다른 성소수자 친구를 혐오하지 않도록 알려주어야 한다.

아들, 그 자체만으로 존중하고 사랑해

성소수자에 관한 질문을 받을 때마다 내 강의를 들었던 한 엄마의 이야기가 떠오른다. 초등학교 남매를 키우는 양육자가 아이들을 데리고 유럽으로 여행을 갔다. 유럽에 도착해 거리에서 남자들이 포옹하고 뽀뽀하는 모습을 보고 아들이 놀라 엄마에게 물었다.

"엄마, 왜 저 사람들은 남자 둘이 껴안고 뽀뽀해? 이상한 것 같아." 그러자 엄마는 밝게 웃으며 이렇게 답했다. "사랑하는 아들, 저 둘이 남자인 걸 어떻게 알아?" 엄마처럼 머리가 짧은 여자도 있을 수 있잖아? 그리고 남자끼리 뽀뽀한다고 이상한 게 아니야. 서로 사랑하면 저렇게 껴안고 뽀뽀할 수 있어. 엄마 생각에는 남자냐, 여자냐보다는 저 안에 '사랑과 존중'이 있는가가 더 중요한 거 같아. 엄마는 아들 그 자체만으로도 존중하고 사랑해." 그러자 아들은 "응! 엄마 말이 맞네. 나에게도 엄마가 참 소중해. 존중하도록 노력할게."

그 당시 아들에게 밝은 태도로 차분하게 설명했다는 어머니가 참 훌륭해 보였다.

'나, 너, 우리 있는 그대로 사랑해요'

한 초등학교로 성교육을 갔을 때 봤던 글귀다. 이 학교를 들어오는 모두가 볼 수 있도록 학교 정문에 크게 적혀있었다. 지금도 나에게 깊은 감동과 울림을 준다. '나 너 우리 있는 그대로 사랑해요'라는 말에는 깊은 뜻이 담겨 있다. 철학자 칸트가 말했듯이 인간을 수단이 아닌 '목적' 자체로 존중한다는 의미다.

나도 성을 공부하기 전까지 성소수자에 대한 막연한 걱정과 편견이 있었다. 성을 공부하고 배우면서 이런 나의 걱정들이 조금씩 줄어들었고, 무지했던 나를 반성하게 되었다. 어머니는 나에게 항상 "석원아, 너는 세상에 단 하나뿐인 아름다운 존재야. 너는 존재 자체만으로도 사랑받을 자격이 있어"라고 말씀하신다.

인간은 존재 그 자체만으로도 존엄하며 마땅히 사랑받아야 한다. 이성애자든, 동성애자든, 양성애자든, 트랜스젠더든 인간이라면 누구나 있는 그대로 존중하고 사랑하는 시대가 되길 소망한다.

4장

성폭력, 누구도 예외가 될 수 없다

아이가 성폭력 피해자가 되었다면?

"초등학교 3학년 아이가 중학생 형에게 성폭력을 당했어요. 학교에서 학원으로 가는 길에 어떤 형이 따로 불러 바지를 벗기고 성기를 만졌다고 하네요. 아이가 울면서 들어왔어요. 이야기를 듣는 내내 너무 끔찍하고 힘이 드네요. 어떡하죠?"

남자라고 예외는 아니다

양육자는 내 아이가 언제든 성폭력의 피해자가 될 수 있다는 사실을 알고 있어야 한다. 물론 성폭력은 일어나지 않는 것이 가장 좋다. 하지만 양육자와 주위 어른들이 아무리 아이를 보호한다고 해도 성폭력으로부터 완벽하게 보호할 수는 없다. 아이를 24시간 내내 지켜볼 수 없기 때문이다.

보통 성폭력 피해는 여성들만 당한다고 생각하는데 큰 편견이다. 남자라고 해서 성폭력 피해로부터 예외는 아니다. 남자 아동·청소년을 대상으로 한 성범죄가 매년 수백 건씩 발생하고 있고 숫자도 해마다 증가하고 있다. 경찰청에 따르면 지난 4년간(2016~2019) 20세 이하 남자 아동·청소년을 대상으로 한 성범죄는 총 2,395건으로 나타났다. 특히 지난해 전국에서 발생한 남자 아동·청소년 대상 성범죄는 총 622건으로 2016년(549건)에

비해 13.3% 증가했다.

경남의 한 초등학교에서는 30대 여성 교사가 6학년 12세 남학생을 여러 차례 성폭행한 사건이 발생하기도 했다. 학생의 휴대전화로 "사랑한다" 등의 문자를 보내거나 "만두를 사주겠다"라고 불러내 교실과 승용차 등지에서 여러 차례 성폭행했다.

남자 성폭력 피해자에 대한 편견

보통 남성이 성폭력 피해를 당하면 "설마? 남자인 네가 당했을 리가, 창피하다", "남자인데 뭐 어때. 그냥 넘겨" 등 사소하게 생각하거나 편견을 가지고 접근한다. 완전히 잘못된 생각이고 이런 인식은 바뀌어야 한다. 성폭력에 대한 피해 강도와 고통은 성별에 따라 차이가 나는 것이 아니다.

성폭력 피해 후유증이 심해지면 외상후스트레스장애, 우울증 등 정신의학적 피해는 물론 복통, 두통, 섭식장애 등의 신체적 증상이 나타날 수 있다. 특히 아동·청소년기에 당한 성폭력 피해는 성격 형성, 자아정체성, 사회를 보는 시각 등 정신적인 측면에 악영향을 끼친다. 또 아동이나 청소년은 자신에게 일어난 일이 범죄라는 것을 제대로 인지하지 못한 채 넘어가는 경우도 많다. 이 때문에 성인이 된 후에도 아동·청소년기의 피해로 인해 심리적인 고통을 호소하는 사람들이 많다. (정희원, 〈어른이 된 아동 성폭력 피해자…정신 고통 어떻게 해결할까?〉, 헬스경향, 2018. 2. 22.)

성폭력 문제는 피해자가 여성이든 남성이든 인간에 대한 폭력의 문제이자 범죄라고 봐야 한다. 성폭력을 당했을 때 아이가 바로 이야기하면 좋겠지만 그러지 못할 수도 있다. 성폭력을 당했는데도 그것을 잘 인지하지 못하거나, 그 사실을 양육자에게 말하기 두렵거나 걱정되기 때문이다. 행여 성폭력 피해를 입었다는 것을 말하지 않았어도 절대 아이에게 책임을 전가하거나 혼을 내면 안 된다. 가장 불안하고 힘든 게 '아이'라는 사실을 잊지 말아야 한다.

아동 성폭력 방지와 대응에서 양육자의 역할은 매우 중요하다. 사건이 발생했을 때 양육자가 상황을 제대로 인지하고 얼마나 신속하고 적절하게 대응했는지에 따라 피해 아동의 회복 및 가해자에 대한 조치 정도가 달라지기 때문이다. 그래서 항상 양육자는 세심한 관찰로 아이의 몸과 마음의 변화를 잘 감지해야 한다.

아이 성폭력에 대처하는 방법

아이 성폭력에 대처하려면 3단계를 따라야 한다.

1단계: 현재 상황에 대해 인지하기

아이가 성폭력을 당했다는 사실을 알았을 때 양육자는 대부분 공황 상태에 빠진다. 처음에는 아이가 성폭력을 당했다는 상황을 부정하기도 한다. "그게 진짜야?"라고 아이의 말을 의심할 수도 있다. 특히 가해자가 친척 등 아는 사람일 경우에는 더 그렇다. 하지만 그럴수록 상황을 잘 인지하고 아이의 말을 믿어주어야 한다. 힘들겠지만 우선 침착하게 자신의 감정을 추스른 뒤에 아이를 위로해주고 대처 방법을 찾아라.

아이끼리의 성폭력 문제일 경우 화가 나서 대뜸 학교 또는 가해자를 찾아가는 양육자도 있는데, 이는 그다지 현명한 방법이 아니다. '중요한 것은 피해 아이가 원하는 것이 무엇인지 아는 것'이다. 피해에 대한 사과 또는 보상, 가해자의 처벌 등 피해 아이가 어떤 걸 원하는지 구체적으로 들어보고 고민해봐야 한다. 단, 자기표현을 못 하는 어린아이나 장애인은 당사가 원하는 게 무엇인지 스스로 판단하고 표현할 수 없으므로 보호자가 판단해야 한다.

2단계: 증거를 채취하고 확보하기

어느 정도 상황을 인지했다면 증거를 채취하고 확보해야 한다. 이 과정에서 아이의 동의를 얻고 녹음이나 영상으로 남겨두면 더 좋다. 나중에 이어질지 모르는 법정 공방까지 염두에 둔 것이다.

증거를 채취하기 위해 질문할 때 주의할 사항이 있다. 유도하는 질문을 하면 안 된다는 것이다. 예를 들어 "걔가 너 바지 벗겼지?", "그때 그 사람이 확실히 너 만진 거 맞지?" 등 양육자가 유도한 질문은 법정 공방 시 불리하게 작용할 수 있다.

유도하는 질문이 아닌 '열린 질문'을 통해 증거를 확보해야 한다. 사실관계를 알기 위해서는 우선 사건에 대해 정확히 알아야 한다. "어떤 수업을 마치고 그랬어?", "주변에 함께 본 친구들은 없었고?" 등 아이가 상황에 대해 충분히 생각하고 대답하도록 해야 한다. 그리고 점점 가해자의 인상착의 등 질문을 구체적으로 확장해가면 된다.

물론 양육자가 이렇게 질문하기란 쉽지 않다. 양육자도 당황스럽고 화가 나기 때문이다. 이럴 때는 전문 기관에 문의하거나 상담을 요청하는 것도 좋은 방법이다.

3단계: 전문 기관에 신고하고 문의와 상담 요청하기

양육자가 상황을 해결하기 힘들거나 고민이 된다면 즉시 1366이나 112에 신고하라. 사건이 학교와 관련이 있으면 교사와 긴밀히 협조하는 것도 한 가지 방법이다. 가해자가 피해 아동의 친척일 경우에는 신고를 망설이는 경우가 있다. 이러한 경우에도 반드시 신고해야 재발을 방지하고 피해 아동에 대한 보호와 치료 및 지원을 받을 수 있다.

가까운 해바라기센터를 방문해서 성폭력 증거를 채취하고 의료 지원을 받아라. '해바라기센터'는 성폭력 피해 아동과 여성뿐만 아니라 가정폭력 피해 아동과 여성 그리고 성매매 피해 여성을 지원하는 곳이다. 365일 24시간 운영되며 전국에 지점이 있다. 참고로 여성뿐만 아니라 남성도 지원해준다.

증거가 될 만한 옷가지와 증거를 가지고 가까운 해바라기센터를 방문하라. 의료, 상담, 심리치료, 치료, 수사, 법률 지원 등 통합적인 서비스를 체계적이고 전문적으로 제공한다. 이곳에서는 전문가가 녹취와 녹화를 도와준다.

가해자를 형사로 고소할 예정이라면 변호사 상담을 받아야 한다(참고로 13세 미만 아동 상호 간 성폭력은 가해 아동을 법적으로 처벌할 수 없다). 성폭력 전담 변호사를 만나 상의하고 준비하면 된다. 변호사 비용이 부담될 수도 있는데 해바라기센터를 통해 국선 변호사의 도움을 무료로 받을 수 있다. 법적인 부분은 일반인이면 헷갈리거나 잘 모르기 때문에 반드시 변호사의 도움을 받는 것이 좋다.

피해 아이에게 '해야 할 것'과 '하지 말아야 할 것'

성폭력 피해자에게는 무엇보다 말과 행동을 조심해야 한다.

아이에게 해야 할 말과 행동

- "이렇게 이야기해줘서 고마워."
- "이 일은 너 때문에 일어난 게 아니야."
- "네가 속상하고 화가 나는 것은 당연한 거야."
- "네가 잘못한 것은 하나도 없어."
- "엄마, 아빠는 너를 믿어. 그리고 항상 네 편이야."

아이에게 하지 말아야 할 말과 행동

- “야, 네가 조심했어야지. 왜 싫다고 말하지 않았어?”
- “그 사람이 오죽하면 그랬을까? 처신을 잘했어야지.”
- “동네 창피하다. 다른 사람한테는 절대 이야기하지 마!”
- “너 때문에 도대체 이게 뭐야? 다 힘들잖아.”
- “어떻게 피해를 보고 가만히 있어? 용서하지 마!”

양육자와 아이 모두 치료와 회복이 필요하다

성폭력 피해는 아이뿐만 아니라 양육자에게도 큰 충격을 준다. 이런 충격은 일상에서 아이에게 지속적으로 영향을 줄 수 있다. 그래서 아이뿐만 아니라 양육자도 반드시 심리치료를 받으며 서로 치유에 힘써야 한다. 여기서 중요한 것은 양육자는 아이의 편에서 든든한 버팀목이 되어야 한다는 것이다. 양육자라는 버팀목이 있어야 아이도 곁에서 조금씩 회복할 수 있다.

성폭력에 대해 원하는 대로 해결되면 좋겠지만, 그렇지 않더라도 자책하지 마라. 결과를 떠나 당신과 아이의 잘못이 결코 아니다. 문제를 해결하기 위해 아이와 함께했던 모든 순간이 최선을 다한 것이다. 사건의 결과를 떠나서 회복에 집중하고 아이 곁에서 힘이 되어주자.

| 성폭력 피해에 대해 도움을 받을 수 있는 기관과 단체 |

기관 및 단체명	전화번호	사이트 주소
경찰청	112	
나무여성인권상담소	02-2275-2201	namuright.or.kr
디지털성범죄피해자 지원센터	02-735-8994	d4u.stop.or.kr (상담 지원, 피해촬영물 삭제 지원, 수사·법률·의료 연계 지원)
아동·여성·장애인 경찰지원센터	117	
여성긴급전화	1366	www.women1366.kr
온 서울 세이프	카카오톡 오픈채팅 '도담별'	신고·수사 지원, 지낼 곳 지원, 일자리 연결, 병원비 지원, 심리상담 연결)
전국범죄피해자 지원연합회	1577-1295	경제적 지원, 심리 지원, 법률 지원, 주거 지원, 기타 지원
탁틴내일	02-3141-6191	www.tacteen.net (아동·청소년 성폭력 상담)
한국여성민우회	02-335-1858	www.womenlink.or.kr (심리적 지원, 법적 지원, 의료적 지원, 쉼터 연계)
한국여성상담센터	02-953-2017	www.iffeminist.or.kr
한국사이버성폭력 대응센터	02-817-7959	cyber-lion.com (상담 지원, 영상 삭제 지원, 수사·법률 지원, 심리치료 지원)
한국여성의전화	02-2263-6465	www.hotline.or.kr
한국성폭력상담소	02-338-5801	www.sisters.or.kr
해바라기 센터 중앙지원단	02-735-7510	www.women1366.kr (상담 지원, 의료 지원, 수사·법률 지원)

아이가 성폭력 가해자가 되었다면?

"중학생 아들이 지하철에서 여성 치마 속을 불법촬영을 하다 신고를 당했습니다. 피해 여성이 신고했고 저에게 연락이 와서 함께 경찰서에 다녀왔어요. 순진한 줄 알았던 아이가 이런 성범죄를 저지를 줄은 상상도 못 했는데 정말 하늘이 무너져 내리는 것 같아요."

내 아이는 예외라고 생각하지 말자

내 아이가 언제든 성폭력의 피해자가 될 수 있듯이 '가해자'가 될 수도 있다. 물론 이런 일이 일어나지 않는 것이 가장 좋지만, 내 아이가 절대 가해자가 안 된다고 단언할 수는 없다. 실제 10대들이 성폭력 가해자가 되는 경우도 꾸준히 증가하고 있다.

경찰청에 따르면 불법촬영 범죄 가해자 중 19세 미만 소년범은 2019년 말 기준 922명이라고 한다. 19세 미만 소년범은 2015년 411명, 2016년 601명, 2017년 817명, 2018년 885명으로 해마다 꾸준히 증가하고 있다. 청소년의 불법촬영 범죄는 성착취물 제작·유포 등 2차 디지털 성범죄로 이어질 우려가 크다. 지난 5년간(2015~2019) 성착취물 제작·유포 등 불법 콘텐츠형 사이버 범죄의 10대 피의자는 전체 1만 709명에 달한다.(최인진, 〈청소년 스마트폰 불법촬영 범죄 급증〉, 경향신문, 2020. 10. 5.)

내 아이가 성폭력의 가해자가 되면 대부분 양육자는 "설마, 우리 애는 절대 그럴 리가 없어. 단순한 장난일 거야"라며 받아들이지 못한다. 양육자는 내 아이가 성폭력 가해자로 불리는 것조차 고통스럽고 생각하기 싫을 것이다. 그러나 평범한 내 아이라도 언제, 어디서든지 성폭력의 가해자가 될 수 있다.

내 아이가 피해자가 되었을 때만큼이나 가해자로 지목당했을 때도 양육자의 역할이 매우 중요하다. 사건이 발생했을 때 양육자가 상황을 제대로 인지하고 얼마나 신속하고 적절하게 대응했는지에 따라 문제 해결 여부가 달라질 수 있기 때문이다.

내 아이가 가해자가 되었다면 이렇게 하자

사실관계를 확인하고 적극적으로 참여하라

내 아이가 가해자가 되었을 때는 상황을 "그럴 리 없어"라며 부정해서는 안 된다. 양육자와 아이는 수사기관에 적극적으로 참여해야 한다. 대부분 자신의 아이가 성폭력 가해자라는 것을 인정하지 않기 때문에 불성실한 태도로 임하는데 절대 해서는 안 될 행동이다. 이건 상대방에게 2차 가해를 하는 것과 마찬가지다. 게다가 이런 불성실한 행동은 결국, 내 아이에게도 좋지 못한 태도다.

진심 어린 사과와 피해자의 요구 사항을 이행하라

자신의 아이가 가해했다는 사실이 판명되면 되도록 빠르게 진심을 담아 사과해야 한다. 대부분 문제가 커지는 이유는 가볍게 생각하고 제대로 된 사과를 하지 않기 때문이다. 피해자의 마음을 조금이라도 이해하고 공감한다면 변명하지 말고 진심으로 사과하라. 사과뿐만이 아니라 피해자가 원하는 요구 사항을 이행해야 한다. 말로만 사과하는 것이 아니라 행동으로 보여주는 것이 진정한 사과다.

재발 방지를 위한 교육을 받아라

피해자에게 진심 어린 사과를 하는 것과 더불어 중요한 것은 재발 방지다. 내 아이가 다시는 같은 일을 반복하지 않도록 해야 한다. 재발 방지 교육은 아이뿐만이 아니라 양육자도 함께 받는 것이 좋다. 아이가 변하기 위해서는 양육자부터 변화해야 한다. 가정 내에서 성 가치관을 재확립하고 가정에서 경계 존중 교육이 잘되어 있는지 점검해봐야 한다.

가해 아이 중에는 상대를 가해하겠다는 의도가 아니라 '장난'이나 '놀이'로 인식하면서 성폭력을 저지르는 경우가 많다. 성폭력을 단순한 장난 또는 성장 과정에서 일어나는 모습으로 치부해서는 안 된다. 왜 아이가 이런 행동을 하게 됐는지 명확하게 파악하는 것이 필요하다. 실제로 자주 일어나는 '장난을 가장한 폭력'에 대해 알려주어 아이들이 또래 관계에서도 적절한 경계선을 지킬 수 있도록 교육해야 한다. 그래야 아이가 또다시 이런 성폭력을 저지르지 않는다.

아이가 가해자로 지목되었을 때 하면 안 되는 말과 행동

아이가 가해자로 지목되었을 때 양육자는 다음과 같은 말과 행동을 절대 하지 말아야 한다.

"사소한 것, 별일 아니야"라는 말은 절대 금물이다

성폭력은 사소하거나 별일 아닌 게 아니다. 엄연한 '폭력'이다. 결코 사소한 일도 아니다. 보통 아이가 저지른 성폭력은 성인에 비해 사소한 것으로 치부하는데 잘못된 생각이다. 동의 없는 성적 자기 결정권을 침해하는 모든 행위가 성폭력이 될 수 있다.

설사 아이들끼리 사소한 장난이라 하더라도 그것이 예리한 칼이 되어 누군가를 찌를 수 있다는 사실을 명심해야 한다. 양육자의 이런 태도는 아이가 성폭력에 대해 무감각하게 만들어 나중에 더 큰 일이 일어날 수 있다.

"상대방이 너무 예민한 거 아니야?"라고 생각하지 마라

과연 피해자가 예민한 걸까? 피해자가 느끼는 감정은 어떤 경우라도 존중받아야 한다. 예민하다고 말하는 것은 성폭력을 사소한 것으로 보는 잘못된 통념 때문이다. 피해자가 예민한 게 아니다. 피해자가 예민하다고 생각하는 사람이 '무감각하고 둔한 것'이다. 그래서 양육자부터 성인지 감수성을 높여야 한다. 성을 바라보는 민감성이 올라가야 성폭력에 대해 제대로 바라보고 타인을 존중하며 함부로 행동하지 않는다.

아이를 배척하거나 무시하는 태도를 보여서는 안 된다

자신의 아이가 성폭력 가해자라는 이유만으로 양육자는 아이에게 크게 실망한다. "내가 널 어떻게 키웠는데 이 모양이야? 다신 집에 들어오지 마!"라며 무시하다 못해 배척하는 양육자도 있다. 그러나 잘못한 아이라도 내 아이이며, 양육자는 양육할 책임이 있다.

이런 말을 하는 양육자의 마음과 심정은 충분히 공감하지만 부정적이고 배척하는 태도를 보여서는 안 된다. 그건 아이를 낭떠러지로 미는 것이나 마찬가지다. 이 일을 통해 아이를 제대로 교육하고 선도하는 계기로 삼으면 된다.

아이가 다시는 같은 일을 반복하지 않도록 가르쳐라

사람은 살아가며 누구나 실수와 잘못을 한다. 이미 엎질러진 물처럼 저지른 잘못은 주워 담을 수 없다. 그렇지만 그 물을 깨끗이 닦고 새로운 물을 담을 수 있다. 엎지른 물을 닦기 위해서는 내가 저지른 잘못을 깨끗하게 인정하고, 진정한 마음을 담아 사과하는 과정이 필요하다. 사과를 통해 우리는 잘못을 인정하며 삶을 배운다.

가정뿐만 아니라 학교나 기관에서도 적극적으로 가해 아이를 위한 재발 방지 교육을 해야 한다. 성폭력 사건이 발생했을 때 가해 아이를 무조건 엄벌하고 솎아내는 것이 능사는 아니다. 아이가 성폭력을 한 것은 물론 잘못된 행동이지만, 사회에서 받아주지 않고 무작정 매장해서는 안 된다. 이런 아이들이 사회에서 무시당하고 격리되면 재범이 일어날 수 있기 때문이다.

양육자는 아이가 자신의 잘못을 인정하고 변화될 수 있도록 기회를 주어야 한다. 양육자가 아이를 선도하고 다시는 같은 일을 반복하지 않도록 하는 것이 최선의 방법이라는 것을 명심하자.

디지털 성범죄를 예방하는 방법은 무엇인가요?

"아이를 디지털 성범죄로부터 지킬 방법이 있나요? 요즘 성폭력 사건을 볼 때마다 무서워요. 아이를 온종일 지켜볼 수도 없고요. 디지털 세상에서 아이가 피해자 또는 가해자가 될까 봐 걱정됩니다."

아동·청소년 디지털 성범죄의 상당수는 SNS를 비롯한 온라인상에서 발생한다. 디지털 기기와 인터넷에 익숙한 세대인 만큼 범죄의 무대가 현실 세계에서 온라인으로 옮겨 간 것이다. 이처럼 온라인 공간이 범죄 무대로 활용되면서 변형된 범죄 유형도 계속 등장하고 있다.

경기대학교 범죄심리학과 이수정 교수는 "옆집 아이가 처벌받는 것으로 제지력을 느낄 만한 10대는 생각보다 많지 않을 거예요. 교육이 꼭 필요합니다"라고 말했다. 사회뿐만 아니라 가정에서 양육자가 앞서서 디지털 경계선 교육과 함께 디지털 성범죄 예방 수칙을 숙지하고 아이에게 알려주어야 한다.

가정에서 디지털 경계선 교육하기

우선 다음 세 가지 질문을 해보고 (○, ×) 표시를 해보자.

1. 아이가 스마트폰으로 무엇을 하는지 잘 모른다.
2. 아이의 동의 없이 아이 사진과 영상을 찍거나 올린 적이 있다.
3. 아이가 동의 없이 사진과 영상을 찍거나 올린 적이 있다.

이 중에서 하나라도 'O'가 나왔다면 반드시 디지털 성범죄 예방 교육을 해야 한다. 우선 가정에서 할 수 있는 디지털 경계선 교육을 알아보자. 우리는 타인의 몸을 만지거나 물건을 사용할 때 동의를 얻어야 한다는 것을 안다. 이와 마찬가지로 타인의 사진과 영상을 찍거나 올릴 때도 동의를 얻어야 한다. 그러므로 가정에서 사진과 영상에 관한 동의 교육을 해야 한다.

양육자가 아이 사진을 찍거나 SNS에 올릴 때는 "혹시 찍어도 괜찮아?", "사진 올려도 되겠니?"라고 동의를 구하자. 아이가 괜찮다고 하면 올려도 되지만, 원하지 않는다면 즉시 멈춰야 한다. 아이에게도 상대에게 동의를 구해야 한다고 알려주자. 이를 통해 사진과 영상을 찍거나 공유할 때는 반드시 '동의'가 필요하다는 것을 배우는 것이다.

일상생활에서 아이에게 아무 동의 없이 사진을 찍거나 SNS에 업로드하는 양육자들이 있다. 이제부터라도 아이에게 반드시 동의와 허락을 받아야 한다는 것을 명심하자. 그래야 내 아이가 누군가가 동의 없이 내 몸을 촬영할 때 하지 말라고 이야기할 것이다. 그리고 아이도 다른 사람의 동의 없이 함부로 촬영하지 않을 것이다.

디지털 성범죄 안전 수칙 다섯 가지

아동·청소년 온라인 활동에 관심을 두고 충분한 대화 나누기

평소 아이가 컴퓨터나 스마트폰으로 어떤 활동을 하는지 어느 정도는 알고 있어야 한다. 특히 남자아이들은 게임을 통해 주로 소통하는데 무슨 게임을 좋아하는지 알면 대화도 한결 수월하다. 게임을 무작정 막는 것이 아니라 소통의 도구로 활용하는 것이다.

아이와 디지털로 소통하기 위해서는 양육자가 '디지털 세상으로 들어가야 한다.' 여기서 주의해야 할 점은 온라인 활동을 지나치게 간섭하면 안 된다는 것이다. 그러면 아이가 피해를 입었을 때도 숨길 우려가 있다.

나의 개인정보를 온라인에 올리거나 타인에게 전송하지 않도록 알려주기

아이에게 이름, 나이, 휴대전화 번호, 주소, 학교명, 주민등록번호 등 개인정보를 온라인에 함부로 올리거나 타인에게 전송하지 않도록 알려주자. 개인정보를 유출하면 범죄에 악용될 수 있다. 잘 모르는 사람이 보낸 인터넷 링크나 파일은 절대 클릭하지 않아야 한다. 링크를 누르는 순간 개인정보를 빼내는 해킹 파일이 설치될 수 있다.

디지털 성범죄 위험성에 대해 알려주기

타인이 동의하지 않는 촬영, 성적 이미지 합성 유포, 협박은 단순 장난이 아닌 '범죄'라는 사실을 알려줘라. 절대 찍지도, 보내지도, 보지도 않아야 한다. 참고로 타인이 촬영에 동의한 촬영물도 '동의 없이 전송(유포)하면 범죄'에 해당할 수 있다. 이런 불법촬영물을 발견하면 즉시 신고하도록 알려주자. 요즘은 딥페이크 문제도 심각하다. 성착취물 영상에 유명인이나 일반인의 얼굴을 합성해 유포하는 딥페이크 사례가 많다.

개인정보를 묻거나 만남을 요구하면 반드시 알릴 것을 당부하기

온라인에서 만난 사람을 직접 만나는 것은 위험하다고 알려주자. 연락처, 사진을 달라고 하거나 만남 등을 요구하면 반드시 양육자나 주변에 도움을 받을 수 있는 어른에게 말해야 한다. 특히 문화상품권, 기프티콘, 게임 아이템 등을 준다고 하는 사람을 경계해야 하고 응답하면 안 된다.

촬영, 유포, 협박 등으로 두려움을 느낄 때 전문 기관에 도움 요청하기

아이가 디지털 성범죄의 피해자가 되었을 때 대부분의 양육자들은 너무 놀라고 두려운 나머지 주고받은 대화나 관련 앱을 삭제한다. 이렇게 증거를 삭제하면 가해자를 찾아 처벌하기가 어려울 수 있다. 아이를 위해서라도 우선 증거를 확보하는 것이 중요하다. 피해 촬영물, SNS 메시지 또는 단톡방 캡처, 게시물 캡처 등 증거를 최대한 확보하자.

가장 좋은 방법은 전문 기관에 신고하는 것이다. 전문 기관에 신고하면 전송된 사진과 영상을 삭제하는 것이나 추가 유출을 막을 수 있고, 수사 증거 자료 수집, 심리치료, 무료 법률 상담 등의 도움을 받을 수 있다.

디지털 성범죄 지원 기관

- 여성긴급전화 1366
- 청소년 상담 전화
- 디지털 성범죄 피해자 지원센터
- 한국사이버 성폭력대응센터(cyber-lion.com)
- 카카오톡 '여성폭력 사이버 상담(women1366)'

양육자는 반드시 아이의 편이 되어야 한다

디지털 성범죄를 당했을 때 왜 아이들은 피해 사실을 말하지 못했을까? 그걸 말하게 되는 순간 양육자에게 크게 혼나거나 사회적으로 비난받을 수 있기 때문이다. 양육자들에게 꼭 하고 싶은 말이 있다. 반드시 '아이의 편'이 되어라. 피해 사실을 알았을 때 아이 잘못이 아님을 알려주고 진심으로 지지해야 한다. 절대 피해에 대한 책임을 아이에게 묻지 말라. 묻는 순간부터 아이는 죄책감에 괴로워하며 더욱 숨을 것이다.

지금 아이들에게 필요한 것은 성과 미디어에 대한 올바른 분별력과 판단력이다. 이 힘을 길러주기 위해 양육자는 평소 아이와 성과 미디어에 대해 깊이 있는 대화를 나눠야 한다. 특히 불법촬영물은 '촬영하는 것도, 유포하는 것도, 보는 것도 모두 범죄'라는 사실을 반드시 알려주자. 아이들이 이런 위험에 빠지지 않도록 아이들의 목소리에 양육자뿐만이 아니라 온 사회가 귀 기울여야 한다.

친구들과 채팅방에서 음란물을 주고받았어요

"우연히 고등학생 아이의 카톡을 보다 깜짝 놀랐습니다. 채팅으로 여성의 성기 사진, 섹스하는 영상들을 주고받고 있더라고요. 친구들끼리 '이거 좋지? 더 센 것 좀 올려봐' 등 차마 입에 담을 수 없는 말이 가득했습니다."

10대들이 SNS로 음란물을 나눠보는 사례가 빗발치고 있다. 음란물 유포에 대해 아직 심각성을 모르는 사람들이 너무 많다. "누구나 볼 수 있어", "음란물을 아예 안 본 사람은 있어도, 한 번만 본 사람은 없어"라며 단순히 재미, 유흥, 볼거리로 치부하기도 한다. 음란물을 보는 것은 문제이고 불법이다. 음란물을 재미로 치부하는 것은 매우 위험하고 잘못된 생각이다.

아동·청소년 성착취물은 시청, 소지, 유포 모두 범죄

음란물이라는 이름으로 유포되는 영상 중 '불법촬영물', '성착취물'도 있다. 이걸 보거나 유포하는 것은 직접 범죄에 가담하는 것과 마찬가지다. 텔레그램 n번방 성착취 사건 이후 「성폭력처벌법」 개정안이 국회 본회의를 통과했다. 불법 성적 촬영물을 소지·구입·저장하거나 시청하기만 해도 형사처벌을 받을 수 있다.

특히 아동·청소년을 대상으로 한 성착취물을 시청, 소지, 유포하는 것은 매우 심각한 범죄다. 미성년자의 알몸 사진, 영상 등을 다운로드하거나 소지하는 것도 아동·청소년 성착취물 사범 기준에 포함되어 처벌을 받게 된다. 성착취물에 나오는 사람이 성인이라도 아동·청소년이라고 생각되는 옷을 입으면 마찬가지로 처벌받는다. 교복 캐릭터를 입고 나오는 성인 애니메이션도 법원이 아동·청소년 성착취물로 인정했다.

음란물, 절대 가볍게 넘기지 마라

아이가 음란물을 주고받는 것에 대해 절대 가볍게 생각해서는 안 된다. 이런 범죄를 가볍게 넘기는 순간 더 큰 범죄로 이어질 수 있다. 실제로 한 청소년이 학교에서 수업하는 여자 선생님의 치마 속을 몰래 촬영하고 유포하다 발각되어 처벌받았다. 이 사건이 발생하기 전 그 아이의 엄마는 아이가 음란물을 보고 친구들과 서로 나눠보는 것을 우연히 알게 되었다. 주변 사람들과 이에 관해 이야기를 나누다가 소개로 나에게 성교육 문의를 했었다.

그 당시 엄마의 태도를 보고 깜짝 놀랐다. 그 엄마는 “아이들이 어릴 때는 그럴 수 있지 않나요? 요즘 공부하느라 힘들어하는 것 같은데, 스트레스를 받아서 그런가 보죠”라며 대수롭지 않게 말했다. 나는 그런 생각은 매우 위험하고 안 된다고 말했다. 가정에서 아이에게 이런 잘못된 행동을 하면 안 된다고 알려주고, 반드시 성교육을 받으라고 당부했다. 하지만 그 엄마는 내 말을 크게 신경 쓰지 않고 그렇게 흐지부지 넘겨버렸다.

그 이후 몇 달이 지나 그 엄마가 나에게 전화를 했다. "그때 강사님의 말을 가볍게 넘긴 게 땅을 치고 후회됩니다. 성교육이 정말 필요했어요. 아이가 음란물에 나오는 걸 보고 따라 하고 싶었대요. 그래서 이런 일이 생겼습니다. 지금 아이가 학교와 동네에 '성범죄자'라는 소문이 나서 밖에 다닐 수조차 없게 되었습니다."

'이 정도는 괜찮아. 문제없을 거야'라는 생각이 큰 화를 부른다. 이렇게 꼭 문제가 터지고 나서야 후회하고 연락이 오는 양육자를 볼 때마다 너무 속상하고 안타깝다.

가해자 교육을 넘어 방관자 교육하기

아이가 방관자가 되지 않도록 교육하는 것도 매우 중요하다. 가해자가 되지는 않더라도 방관자가 되기는 쉽다. 침묵은 누구나 쉽게 할 수 있는 선택이기 때문이다. 그러나 이런 침묵과 방관은 막심한 피해를 키운다. 범죄는 감시의 부재 속에서 일어난다. 이제 아이가 방관자가 되지 않도록 교육해야 한다. 성폭력 문제를 인식하고 막는 데는 양육자와 주변 사람의 말 한마디가 큰 역할을 한다. 누구나 이런 사건을 목격할 수 있다는 사실을 깨닫는다면 이제 성폭력은 가해자와 피해자의 문제로만 보지 않을 것이다. 바로 자신의 문제이자 주변의 문제 그리고 모두의 문제로 확장될 것이다. n번방 성착취 사건과 관련해 그 방에서 함께 관람했던 박사방 회원들도 방관자를 넘어 집단 성폭력의 공범이라는 여론이 형성되었고 경찰이 수사에 나섰다.

보통 친한 친구 사이거나 여러 명이 있는 곳에서는 하지 말라고 말하기가 어렵다고 한다. 하지만 침묵하거나 방관하는 것도 가해하는 것과 마찬가지다. 정말 친구라고 생각하면 이런 잘못된 음란물을 함께 공유하고 평가하지 않을 것이다. 잘못된 것을 잘못된 것이라고 말하는 것이 진짜 친구다. 스스로 힘들다면 주변 어른들에게라도 도움을 요청하라고 알려주자.

실제로 내 성교육을 받았던 초등학교 6학년 운동부 아이가 있었다. 그 아이가 있는 학교 남자 운동부 단톡방에서는 친구들끼리 여성의 사진을 올리고 평가하고 있었다. 내 성교육을 듣고 그 아이는 용기를 내어 톡방에 "야, 너희들 이런 거 그만 좀 올려. 나는 이런 거 정말 보기 싫고 불편해. 계속 올리면 운동부 선생님에게 이야기할 거야."라고 말했다. 그러자 다른 친구들도 올리지 말라고 했고 그 이후로는 그런 내용이 다시는 올라오지 않았다. 한 명의 용기 있는 외침이 주변 사람들을 바꾼 것이다.

이렇게 용기를 내어 연대하는 힘은 무엇보다 크다. 성교육을 통해 아이가 방관자가 되지 않도록 알려주자. 더불어 아이들이 이런 위험에 빠지지 않도록 양육자뿐만 아니라 온 사회가 연대하고 힘써야 한다는 것을 잊지 말자.

아이가 랜덤채팅으로 성기 사진을 보냈습니다

"중학생 아들이 채팅으로 알게 된 사람에게 자신의 성기 사진을 보냈습니다. 아이 핸드폰을 보고 확인했을 때 죽을 만큼 무서웠어요. 또 어디에 유포되었을지 너무 걱정되고 불안합니다. 아들을 달래야 할지, 혼내야 할지 모르겠습니다. 어떡하죠?"

랜덤채팅은 채팅 서비스를 제공하는 앱에 접속하면 무작위로 채팅 상대를 정해주는 서비스다. 접속해 있는 익명의 누군가와 랜덤으로 연결되어 1:1 채팅을 할 수 있다. 이 랜덤채팅이 디지털 성범죄의 온상이다.

디지털 성범죄 피해 연락을 받을 때마다 '쿵쾅쿵쾅' 양육자의 심장이 뛰는 소리가 나에게 들린다. 대부분 양육자는 어찌할 줄 모르고 공황 상태에 빠진다. 성기 사진을 보낸 아이를 무작정 혼내서는 안 된다. 아이의 이야기를 충분히 듣고 문제를 해결하기 위해 함께 노력해야 한다.

디지털 성범죄의 심각성은 아무리 말해도 모자라다. 특히 10대를 대상으로 하는 랜덤채팅을 통한 디지털 성범죄가 심각하다. 랜덤채팅 앱은 아동·청소년 대상 성착취, 불법·유해행위 주요 경로로 악용된다. 미성년자를 유인해 성착취물을 제작하고 유포한 텔레그램 'n번방 성착취 사건'도 그중 하나다.

심각할 대로 심각한 랜덤채팅 성범죄

랜덤채팅 성범죄 위험은 이미 오래전부터 제기되어 온 사회 문제이고, 아동·청소년을 상대로 한 성범죄 주요 경로로 지목되어 왔다. 랜덤채팅 앱은 간단한 정보만 입력하면 별도의 인증 절차 없이 가입할 수 있다. 이 정보조차 허위로 입력해서 채팅할 수 있으므로 상대에게 자신의 신분을 속이는 데 제약이 없다.

2019~2020년 법원 판결에서 인터넷 열람 서비스를 통해 '랜덤', '채팅' 등 키워드를 검색한 결과, 지난 2년간 랜덤채팅 관련 범죄로 법원 판결을 받은 건수는 총 115건이었다. 이 중 「아동복지법」, '아동·청소년의 성보호에 관한 법률' 등으로 선고를 받은 것은 56건(48.7%)으로, 랜덤채팅 관련 범죄 피해자의 절반은 '미성년자'인 것으로 드러났다.(김혜선, 〈랜덤채팅 성범죄 '미성년 피해자'가 절반〉, 뉴스포스트, 2021. 2. 25.)

특히 아동·청소년을 대상으로 한 랜덤채팅 범죄가 끊이지 않자 여성가족부는 2020년 랜덤채팅 앱을 '청소년 유해 매체물'로 지정하고 단속에 나섰다. 대화 서비스를 위한 기술적 조치가 없는 앱은 청소년 유해 매체물로 분류하고, 청소년 유해 표시 의무를 위반할 때는 징역 또는 벌금이 부과된다. 앞으로 실명 또는 휴대전화를 통한 본인인증 기능, 대화 저장, 신고 기능을 갖추지 못한 랜덤채팅 앱은 청소년이 이용할 수 없다.

하지만 랜덤채팅의 '사각지대'는 여전히 존재한다. 상대가 특정되는 게임 등에 연계된 채팅, 대화 앱, 게시판이나 댓글로 누구나 볼 수 있는 대화 서비스는 규제 대상이 아니다. 실제로 2021년 한 30대 남성이 카카오톡 오픈 채팅방에서 알게 된 초등학생 여아를 집으로 유인해 성폭행했다. 그는 온라인상에서 만난 초등학생에게 "만나고 싶으니 주소를 알려달라. 보고 싶다"라며 접근했다. 초등학생과는 헤어지면서 "집주소를 알고 있으니 조심하라"고 협박까지 했다.

남자 아이들이 디지털 성범죄 피해자가 되는 이유

10대들은 디지털 문화에 익숙하며 스마트 기기 사용량이 많다. 인터넷 세상에서 친구를 사귀거나 사회적 관계를 만드는 데 열중하기 때문에 더욱 이런 범죄에 쉽게 노출된다. 그럼 남자아이들은 왜 자신의 성기 사진을 찍어 보내는 것일까?

10대들은 자신의 성적 호기심을 충족시키거나 해소하기 위해 이런 잘못된 방법을 사용하기도 한다. 그리고 성적 능력이 남성의 능력 중 큰 부분을 차지한다고 여기는 사회문화적인 특성이 있다. 이에 따라 남자아이들은 자신의 성기를 상대방에게 보여주며 자신의 존재를 드러내고 인정받고 싶은 욕구를 표현하는 것이라고 볼 수도 있다. 그중 자신이 과시하고 친해지고 싶었던 상대가 여성이 아닌 경우도 많다.

아이에게 관심을 두고 마음을 더 쏟자

아이들이 랜덤채팅에 빠지지 않도록 하기 위해 낯선 사람과 대화할 때 언제든지 범죄의 표적이 될 수 있음을 알려주자. 그리고 혹시라도 디지털 성범죄에 노출되었다면, 디지털 성범죄는 증거 확보가 중요하기 때문에 채팅방을 나가거나 앱을 무작정 삭제하면 안 된다. 해바라기센터 등 피해 지원 기관에 연락해서 전문가의 도움을 받아라.

중요한 것은 아이가 랜덤채팅에 빠지지 않도록 하는 것이다. 전문가들은 보통 양육자 등 주변 환경으로부터 충족돼야 할 보호와 관심의 부재로 인해 범죄가 발생한다고 주장한다. 이런 문제를 예방하기 위해서는 평소에 아이에게 관심을 갖고 대화하는 것이 중요하다. 그리고 전문가의 주기적인 성교육을 통해 이런 범죄를 알아차리고 도움을 요청하는 방법을 알려줘야 한다.

나의 몸은 절대 누구에게도 보여주거나, 찍어서 보내면 안 된다는 것을 알려주어라. 이와 함께 아이들이 받고 싶은 인정과 칭찬을 듬뿍해줘야 한다. 그래야 아이가 채워지지 않았던 마음을 온라인에서 찾지 않을 것이다. 양육자의 관심과 성교육, 잘 갖춰진 사회 안전 시스템이 아이들을 디지털 성범죄의 위험으로부터 보호할 수 있다. 이제 잘못된 랜덤채팅의 유혹에 빠지지 않도록 양육자가 힘을 쏟고 아이를 지켜야 할 때다.

아이가 몸캠피싱으로 협박받고 있어요

"아이가 울면서 저에게 도움을 요청했습니다. 채팅으로 만난 어떤 사람과 친해져 자기의 몸을 찍은 영상을 보냈는데 그 사람이 갑작스럽게 태도가 변했다고 합니다. '너, 내가 시키는 대로 이번에 성기 부분과 얼굴이 다 나오도록 찍어서 보내. 안 그러면 먼저 보낸 사진, 영상들 네 엄마와 친구들에게 다 보내버릴 거야.' 두려움과 동시에 분노가 치밀더라고요. 어떻게 해야 잘 해결할 수 있을까요?"

온라인의 발달로 인해 불법촬영물 범죄 '몸캠피싱'이 심각한 사회문제로 떠오르고 있다. 몸캠피싱이란 영상 채팅을 통해 상대방에게 신체 노출을 유도한 뒤 이를 촬영해 지인 또는 인터넷에 유포하겠다고 협박하는 범죄다. 경찰청이 발표한 자료에 따르면 2020년 발생한 몸캠피싱은 1,824건으로 2015년 102건 대비 무려 17.8배 늘어났다. 몸캠피싱 피해 규모는 지난해 55억 원으로 3년 새 약 6배 증가했지만, 몸캠피싱 검거율은 지난해 26.2%에 그쳐 3년 연속 20%대로 미미하다.

몸캠피싱의 과정과 위험성

한국사이버보안협회에 따르면 국내에서 발생한 몸캠피싱 피해자의 90% 이상이 남자다. 특히 이 중 40%는 미성년자다. 코로나19 영향으로 몸캠피싱 같은 디지털 성범죄에 노출될 가능성이 커졌다. 온라인 수업으로 인해 집에서 혼자 있는 시간이 늘어났기 때문이다.

현재 아동·청소년은 양육자 세대와 비교했을 때 디지털 전자기기의 사용 능력이 월등히 뛰어나다. 아이들은 인터넷 공간에서 사회적 관계를 형성하는 것이 무척 익숙하다. 범죄자들은 이런 아동·청소년의 관심을 유도하고 부추겨 스스로 찍은 사진이나 영상을 받아낸 후 유포하겠다고 협박해 금품을 요구하거나 음란행위, 성행위 등을 강요한다. 범죄자들은 영상 채팅 과정에서 '소리가 잘 안 들리니 이 파일을 설치해달라'거나 '영상 화질이 낮으니 이 채팅 앱으로 영상통화를 하자'며 악성 앱을 깔도록 유도한다. 이 악성 앱으로 지인 연락처까지 취득해 협박한다.

특히 협박에 시달리더라도 피해 아이들은 스스로 부끄러움을 느껴 피해 사실을 숨기려는 경우가 많다. 범죄자들은 이런 피해자의 불안한 심리를 활용해 주변 가족이나 지인에게 가장 먼저 영상을 유포하겠다고 협박한다. 그래서 언제, 어떤 식으로 피해가 발생했는지 알 수 없어 검거가 더욱 어렵다.

범죄 피해를 당해도 사회적 편견으로 인해 신고가 어려운 경우가 많다. 디지털 범죄의 특성상 개별 추적이 쉽지 않으며, 피해자들은 동영상 유포 협박에 의해 엄청난 피해를 입는다. 아직 어리기 때문에 피해 대처에 어려움을 느끼고 실제로도 제대로 대처하지 못한다.

피해 아이 탓은 이제 그만하자

n번방 성착취 사건이 터진 뒤 어떤 사람들은 자기 몸 사진이나 영상을 보낸 10대 아이들도 똑같이 잘못이 있다고 말했다. 헛웃음이 나왔고 동시에 분노가 차올랐다. 제대로 된 어른이라면 설사 아이들이 잘못된 행동을 하더라도 선도해야 하는 게 먼저 아닌가? 그것이 어른의 의무이자 책임이다. 그런데 범죄자들은 선도하지 못할망정 오히려 범죄에 이용했다. 어른의 의무와 책임을 저버린 것이다.

아직도 피해 아이 탓을 하는가? 다시 한 번 말하지만 이런 범죄는 아이를 성착취한 범죄자의 잘못이다. 이런 잘못된 인식 때문에 아이들이 피해를 봤음에도 불구하고 자신 탓을 하면서 말하지 못하는 것이다. 더 이상 피해 아이 탓은 그만하고 그 시간에 아이들을 지켜주고 범죄를 예방하는 데 힘써야 한다.

아이가 피해를 봤을 경우 대처 방법

앞에 '피해자가 되었을 때 대처 방법'에서 말했듯이 절대 아이 탓을 하거나 혼을 내서는 안 된다. 더 이상 추가 피해가 없도록 양육자가 적극적으로 도와줘야 한다. 범죄자의 개인적인 요구(개인정보, 영상 촬영, 금전)에 절대 응하지 않아야 한다. 그럴수록 더 악하고 깊은 범죄 피해의 늪에 빠지게 된다. 이 점을 아이에게 알려주어라.

협박 문자나 전화를 받은 즉시, 채팅 화면을 캡처하고 송금 내

역이 있다면 증거 자료를 준비한 후, 즉시 가까운 경찰서에 신고하라. 범죄자는 여러 개의 채팅 계정을 이용하기 때문에 적극적인 신고가 중요하다. 신고 후에는 추가 피해를 방지하기 위해 스마트폰을 초기화하거나 설치된 악성 프로그램(앱)을 삭제해라.

악성 프로그램(앱)으로 인해 유출된 정보에는 주소록(전화번호) 정보 이외에 피해자의 각종 개인정보가 포함되어 있을 수 있다. 스마트폰에 연동되어 있던 각종 계정은 탈퇴한 후 새롭게 개설하고 아이디, 패스워드 등도 변경해라. 그리고 이런 범죄 피해를 예방하기 위해서는 모르는 상대가 보낸 파일은 악성코드가 있을 수 있으므로 절대로 열어보거나 내려받으면 안 된다고 아이에게 알려주자.

아이에게 절대 너의 몸을 함부로 찍어서도 안 되고, 그걸 다른 사람에게 보내서도 안 된다고 알려주어라. 아이에게 분별력과 판단력을 길러줄 전문가의 성교육도 반드시 필요하다. 성범죄 피해를 당했을 때 가장 중요한 것은 아이가 양육자에게 솔직하게 말하는 것이다. 그래야 문제를 빠르게 해결할 수 있다. 그래서 평소에 "엄마, 아빠는 무조건 네 편이니깐 너한테 무슨 일이 생기든지 힘들면 이야기해줘"라고 말하며, 아이의 든직한 편이 되어야 한다. 그래야 아이가 양육자를 믿고 이야기할 수 있다. 양육자와 자녀의 소통과 신뢰가 디지털 악성 범죄를 예방하고 문제를 해결할 수 있다.

아이가 채팅으로 여학생에게 성희롱했어요

"초등학생 6학년 아들이 톡으로 같은 학교 여학생에게 '너 가슴 크더라? 만지고 싶어!'라고 했습니다. 여학생이 성폭력으로 신고해서 학폭위에 가게 되었어요. 도대체 어떻게 해야 할지 착잡합니다."

디지털 성폭력으로 인해 학교 선생님, 양육자들의 걱정이 이만저만이 아니다. 한 초등학교 선생님은 얼굴에 걱정과 근심이 가득한 채 이렇게 말했다.

"코로나19로 인해 수업도 온라인으로 듣다 보니 아이들의 성적인 농담과 폭력이 점점 심해져요. 대면했을 때는 아이들에게 직접 말하거나 대처하는데 온라인은 그러기도 힘드네요. 채팅이나 수업 중 아이들에게서 자극적인 말이 나올 때마다 성폭력 사건으로 번질까 봐 항상 긴장의 연속이에요."

아이들이 인터넷 또는 SNS에서 배운 잘못된 성희롱, 욕설을 함부로 사용하다가 성폭력 사건으로 번지는 경우가 많다.

디지털 성폭력의 증가와 이유

코로나19로 온라인 활동이 늘어나 아이들이 성폭력에 많이 노출되고 있다. 여성가족부는 2020년 7~10월 전국 초등학교 4학년부터 고등학교 3학년까지 청소년 1만 4,536명을 대상으로 '2020 청소년 매체 이용 및 유해환경 실태조사'를 실시했다. 2018년 조사에서 온라인을 피해 장소로 지목한 여학생은 24.2%였는데 2019년에는 58.4%로 두 배 이상 증가했다. 남학생의 온라인 성폭력 피해 비율도 8.3%에서 19.8%로 두 배 이상 늘었다.

피해 유형은 '말이나 눈짓, 몸짓으로 성적 모욕감을 주거나 괴롭힘을 당했다'고 답한 비율이 0.9%로 가장 많았고, '인터넷 채팅 앱에서 스토킹·성희롱(0.6%)'이 두 번째로 많았다. 여자 청소년의 피해율(2.5%)이 남자 청소년(1.2%)보다 높았다.(한진주, 〈청소년 성폭력 피해 장소 1위는 '온라인'〉, 아시아경제, 2021. 3. 23.)

그럼 왜 아이들은 온라인에서 성폭력을 하는 것일까? 성폭력은 인간을 인간으로 존중하지 않고 단순히 물건처럼 타자화했을 때 쉽게 일어난다. 사람에 대한 존중 의식이 부족하기 때문이다. 특히 여성을 동등한 인격체로 보지 않고 성적 대상화했을 때 발생한다. '성적 대상화'란 자신의 성적 욕구와 즐거움을 위해 상대방의 의사를 무시한 채 사람을 물건이나 도구처럼 대하는 것을 말한다.

성적 대상화는 채팅, 게임, 단톡방 등 온라인에서 쉽게 일어난다. "OO는 얼굴이 진짜 존나 이쁘더라. 카톡 사진 보니까 가슴도 크고 몸매도 죽여줘. XX는 돼지야. 진짜 못생겼더라"처럼

'얼평'이나 '몸평' 등이 있다. 특히 온라인상에서는 직접 대면하지 않기 때문에 평소보다 훨씬 더 자유롭게 자극적인 말을 쉽게 꺼낼 수 있다. 다른 사람의 입장은 전혀 고려하지 않고 본인들의 재미와 즐거움을 위해 얼굴과 몸매를 평가하는 것은 잘못된 행동이다.

채팅, 단톡방뿐만 아니라 심지어 온라인 수업 중에도 성폭력 사건이 발생한다. 한 중학교에서는 남학생이 온라인 수업 중에 손가락으로 섹스를 연상케 하는 모습을 하며 '섹스! 섹스!'라고 했다가 처벌받았다. 이런 일이 실제 학교 현장에서 비일비재하게 일어나고 있다.

진심 어린 사과와 재발 방지 약속

내 아이가 이런 잘못을 했을 때는 아이와 함께 피해자에게 진심으로 사과해야 한다. 성폭력은 신체적인 것뿐만 아니라 언어적, 정신적인 것도 포함된다. "아이들끼리 장난친 건데 어때서요? 애가 어리니까 그럴 수도 있죠"라고 생각하면 절대 안 된다. 사소한 말 한마디도 성폭력이 될 수 있다는 것을 양육자부터 반드시 알고 교육해야 한다.

아이가 다시는 이런 행동을 하지 않도록 가정에서부터 성인지 감수성을 점검하고 교육하자. 채팅으로 함부로 성적인 말을 하지 않도록 양육자가 잘 알려주자. 다른 사람에게 피해를 주어서는 안 된다는 것을 교육한다. 그리고 전문가에게 성교육을 받는 것도 추천한다. 양육자가 모든 것을 다 알려줄 수는 없으니 전문적인 교육을 받는 것이 아이에게도 도움이 된다.

전문가의 교육과 함께 일상생활에서 양육자의 성교육이 뒷받침돼야 이와 같은 잘못을 하지 않을 것이다. 그리고 아이 앞에서 쓰는 말도 점검하자. 무심코 누구를 평가하거나 성차별, 성적인 욕을 함부로 하지 않는지 돌아보자. 나와 아이가 함부로 뱉은 말 한마디가 아이의 운명을 바꿔놓을 수도 있다.

나는 존경하는 롤모델이 있는데 바로 방송인 유재석이다. 그를 보며 '인성'과 '겸손'의 중요성을 많이 배운다. 특히 유재석의 이 말을 늘 가슴 깊이 새기며 살고 있다.

"입술의 30초가 마음의 30년이 된다."

나의 '30초'의 짧은 한마디가 배우자, 자녀의 인생을 바꿀 수도 있다. 나는 지금 배우자와 자녀에게 어떤 말을 하고 있는가? 오늘부터라도 당장 아이에게 힘이 되고 아름다운 말을 하도록 가정에서 모범을 보이자.

아이가 여자아이를 성추행했어요

"초등학교 3학년 아들이 학교에서 성추행을 했다고 연락이 왔어요. 여학생에게 장난으로 어깨동무를 하거나 툭툭 치곤 했는데, 그날은 놀다가 엉덩이를 툭 쳤다고 하네요. 여자아이가 화가 나서 학교에 알렸어요."

보통 아이들끼리 성추행 사건이 일어나면 양육자들은 잘 믿지 못한다. 내 아이가 가해했다는 사실 자체를 인정하기 힘든 것이다. 어떤 양육자는 "아이들끼리 놀면 그럴 수 있지"라고 가볍게 생각하거나 사소한 장난으로 보는데 그러면 절대 안 된다. 상대방의 동의 없이 엉덩이를 툭툭 친 건 명백하게 아이가 잘못했고 사과해야 한다.

늘어가는 또래 성폭력과 대처 방법

광주해바라기센터에 따르면 19세 미만 미성년 가해자 비율은 2005~2014년까지 10년간 평균 36%였으나 2015~2019년까지 5년간 63.6%로 크게 늘었다. 전체 가해자 중 피해자와 아는 사람은 2005~2014년까지 10년간 64.4%였지만 2015~2019년까지 5년간 78.3%로 증가했다. 특히 아는 사람 중 가족, 친족, 또래 등 가장 가까운 관계의 사람에게 입은 피해가 88.8%에 달했다.

2018년 교육부가 발표한 '학교폭력대책자치위원회 심의 현황'에 따르면 학폭위에서 다뤄진 성폭력 심의 건수는 2013년 878건에서 2017년 3,622건으로 5년 새 '약 네 배'나 증가했다. 중학생 성폭력 심의 건수는 4년 새 세 배, 고등학생은 네 배 올랐지만, 초등학생은 2013년 130건에서 2017년 936건으로 무려 일곱 배나 늘었다.

내 아이가 성폭력을 했을 때 양육자가 제대로 알고 있어야 적절하게 대처할 수 있다. 양육자 성교육을 듣고 대처 방법을 제대로 배웠거나 성인지 감수성이 높은 양육자는 잘못을 인정하고 문제를 해결하기 위해 적극적으로 참여한다.

하지만 몇몇 양육자는 내 아이가 누군가에게 성폭력을 했다는 것을 알게 되면 당황한 나머지 객관적이고 합리적인 판단을 하지 못한다. 여기서 인정하지 않고 넘어가거나 부인하면 상황이 훨씬 안 좋게 흘러갈 수 있다.

아이가 상대방의 특정 부위를 만진 것보다 더 중요한 것이 있다. 상대방에게 동의를 얻지 않고 신체 접촉을 하면 안 된다는 것이다. 아이가 이런 잘못을 할 경우 양육자는 아이와 함께 진심으로 피해자 아이와 양육자에게 사과해야 한다.

우선 피해를 본 아이와 양육자의 이야기를 차분하게 들어본다. 피해 아이가 얼마나 불쾌하고 상처받았는지 또는 무엇을 원하는지 묵묵히 듣고 사과한다. 아이에게는 형식적인 사과가 아닌 다른 사람에게 잘못된 행동을 했기 때문에 사과해야 한다고 알려주자. 아이의 마음속에서 진심으로 사과하는 마음이 우러나야 한다.

이와 함께 재발 방지를 위해 가정에서부터 경계 존중, 동의 교육을 해야 한다. 아이에게는 다른 사람의 경계를 침범하거나 동의 없이 신체 접촉을 해서는 안 된다고 교육하는 것이다.

'동의 교육'을 통해 상대방의 감정과 판단 존중하기

다른 사람의 몸은 동의 없이 함부로 만져서는 안 된다는 것을 일상생활에서 성교육을 통해 알려줘야 한다. 친구가 허락도 없이 내 스마트폰을 뺏어가면 어떨까? 친한 사이라도 당연히 기분이 나쁠 것이다. 사전에 왜 필요한지 충분히 설명하고 동의를 구해야 한다. 충분히 설명했어도 내가 원하지 않으면 빌릴 수가 없고 그 의견을 존중해야 한다. 성도 마찬가지다. 서로 스킨십을 할 때도 동의를 구해야 하고, 이때 선택권은 상대방에게 있다. 상대방에게 접촉할 때도 "안아봐도 돼?"라고 물어보는 것이 필요하다.

동의 교육이 중요한 이유는 첫째, 아이에게 위험한 상황을 빠르게 인지할 수 있는 감각을 길러주기 때문이다. 아이들은 모르는 사람이 만졌을 때는 문제가 있다는 걸 알지만, 아는 사람이 만지면 애정 표현인지 성폭력 행동인지 구별하기 어려우므로 성폭력에 대해 인식하고 판단하기가 어렵다. 아이들이 모르는 사람보다 아는 사람에게 주로 성폭력을 당한다는 통계를 볼 때 아이가 이를 인식하는지는 매우 중요하다. 어릴 때부터 동의에 대한 교육을 잘 받은 아이는 모르는 사람이든 아는 사람이든 자신의 몸을 동의 없이 함부로 만지면 그 상황을 인지하고 거부한다. 그리고 그 일에 대해 양육자한테 이야기할 것이다. 이렇듯 동의 교육은 자신의 경계를 인지하고 보호하는 데 필요한 것이다.

둘째, 동의 교육을 잘해야 다른 사람의 경계를 함부로 침범하지 않는다. 어릴 때부터 자신의 경계가 쉽게 침범당한 아이는 다른 사람의 경계를 침범할 때도 문제를 인지하지 못한다. 따라서 가정에서부터 양육자가 아이의 몸을 만질 때 동의를 구하도록 훈련해야 한다. 그래야 내 아이가 다른 사람의 경계에 쉽게 침범하지 않고, 또 함부로 만지지 않는다. 자신의 경계를 인지하고 자기 몸을 보호하기 위해서, 그리고 다른 사람의 경계를 함부로 침범하지 않기 위해 동의 교육이 필요하다.

KBS 예능 프로그램 〈슈퍼맨이 돌아왔다〉에 출연하는 축구선수 박주호는 아이 앞에서 다른 사람의 강아지에게 간식을 줄 때도 주인에게 "간식 줘도 되나요?"라고 동의를 구한다. 그래서 딸인 나은이도 강아지를 만지기 전 주인에게 "만져봐도 돼요?"라고 조심스럽게 물어본다. 양육자의 동의 교육이 아주 잘 된 사례다.

잘못은 바로잡아 주되, 존재를 부정하지 말자

잘못한 아이에게 "왜 그랬어? 내가 널 이렇게 키웠어?" 등 무작정 화를 내거나 밀쳐내지 말자. 아이의 잘못을 바로잡아 주는 것은 좋지만, 아이의 존재마저 부정하면 안 된다. 아이도 자책하고 있는 상황에서 양육자마저 밀어버리면 낭떠러지에 홀로 서 있는 것과 같다. 아이도 사과할 힘이 있어야 제대로 된 사과를 할 수 있다.

"괜찮아. 네가 잘못된 게 아니라 그 행동이 잘못된 거야. 이번 일을 통해 제대로 배우고 더 멋진 사람이 되자. 고생 많았어. 엄마, 아빠도 부족하지만 너의 힘이 되어줄게."

사람은 누구나 실수할 수 있다. 다음에는 같은 실수를 반복하지 않도록 함께 노력하면 된다. 양육자가 먼저 이 사실을 깨닫고 아이에게 성교육을 하자.

아이가 제 몸을 몰래 촬영했어요

"초등학교 3학년 아들이 평소 제 몸에 관심을 보였어요. 씻고 나오면 가끔 따라와서 보기도 했고요. 어느 날 아들과 같이 자고 있는데, 아이가 깨더니 갑자기 저의 바지를 반쯤 벗기더라고요. 그 뒤에 속옷을 벗기고 제 성기를 스마트폰 카메라로 찍었습니다. 아이가 도대체 왜 이럴까요? 정말 무섭고 하늘이 무너지는 것 같아요."

요즘은 영유아기 아이들부터 스마트폰 사용에 익숙하다. 내 조카는 세 살부터 스마트폰 영상을 보고 게임을 했을 정도다. 디지털 기기 예절 교육의 부재와 왜곡된 성 가치관의 영향을 받아 아이들 사이에서 불법 촬영 문제가 발생하기도 한다.

우선 '몰카'라는 표현부터 잘못되었다. 몰카가 아니라 '불법촬영'이 맞는 말이다. '몰카'라는 용어는 이벤트나 장난 등 '유희적 의미'를 담고 있어 범죄의식을 약화할 수 있기 때문이다. 또한 디지털 성범죄의 중대성과 피해를 왜곡하는 문제점도 있다. 이에 정부에서도 몰카 대신 범죄의 불법성을 강조한 '불법촬영'이라는 용어를 사용하고 있다. "에이 설마, 우리 아이가 나를 몰래 촬영하겠어?"라고 생각하면 안 된다. 절대 남의 일이 아니다. 내 아이가 나도 모르는 사이에 나의 몸이나 자는 모습, 신체 일부를 찍어 올릴 수 있다. 현재 10대 불법촬영 관련 범죄는 심각하게 증가하고 있다. 경찰청에 따르면 2019년 불법촬영 혐의로 검거된 5,556명 중 23.9%인 1,330명이 학생인 것으로 나타났다.

'엄마 몰카' 초비상

유튜브에 '몰카'를 검색해보면 아주 다양한 영상의 몰카들이 있다. 몰카를 가장해 깜짝 놀라게 하는 영상인데, 내용이 자극적일수록 조회수가 높다. 문제는 이 과정에서 조회수와 구독자를 늘리기 위해 더 성적이고 자극적이고 폭력적인 영상이 업로드된다는 것이다. 그중에는 '여친 브래지어 몰래 당기기, 가슴 만지고 튀기' 등 성폭력이 될 수 있는 영상물도 있다.

'엄마 몰카'란 아이들이 엄마의 자는 모습, 옷 갈아입는 모습, 샤워하는 모습, 얼굴이나 신체 부위까지 몰래 과감하게 촬영하는 것을 말한다. 엄마의 사진과 영상을 몰래 찍어 공유하거나 인터넷에 올리는 아이들이 있다. 유튜브에 '엄마 몰카'를 검색하면 어린아이가 엄마 몰래 모습을 촬영한 영상이 나온다. 초등학생이 인터넷 방송을 진행하는 유명 BJ들처럼 자신을 소개한 후 "오늘은 여러분에게 엄마 몰카를 보여주겠다"라고 말한다. 심지어 어떤 영상은 "몇 초 뒤면 엄마 팬티 나와요"라는 자세한 설명도 있다. 유튜브 구독자 수가 늘어나면 엄마 엉덩이를 보여주겠다는 초등학생도 있었다. 일부 댓글에서는 "엄마 많이 놀랐네? 엄마, XX 좀 보여줘" 등 끔찍한 내용도 있다.

정말 기가 막히고 코가 막힌다. 불법촬영은 양육자와 자녀 사이를 떠나 엄연히 잘못된 행동이자 범죄다. 엄마이자 여성을 사람으로 보지 않고 하나의 대상이나 물건으로 보는 것이다. 잘못된 성 가치관에 물들기 전에 성교육을 통해 바로잡아 주는 것이 중요하다.

아직 어리다고 그냥 넘기지 마라

이런 상황이 생기면 보통 양육자는 당황스러워서 어떻게 대처할지 모른다. 아이가 내 몸을 몰래 촬영한다는 것만으로도 놀라고 충격적이다. 그러나 아이에게 이런 행동은 절대로 해서는 안 된다고 알려주어야 한다. 엄마든 누구든 동의 없이 다른 사람을 촬영하는 것은 잘못된 행동이다. 아이가 아직 어리다고 그냥 넘겨서는 안 되고 명확하게 성교육을 통해 알려줘야 한다.

"아들, 왜 엄마 찍었어? 엄마가 허락한 거 아니잖아. 엄마가 지금 너무 기분이 안 좋아. 절대 함부로 찍으면 안 돼! 이건 엄마뿐만 아니라 다른 사람도 마찬가지야. 정말 잘못된 행동이니까 함부로 촬영하지 마. 알았지?"

성교육을 통해 내 몸의 소중함을 알려주고 더불어 다른 사람의 몸도 소중하다는 것을 알려줘야 한다. 엄마에게 했던 잘못된 행동을 밖에서도 할 수 있기 때문이다. 요즘 아이들은 불법촬영 범죄에 노출되기 쉬운 만큼 성교육과 예절 교육을 제대로 해야 한다. 다른 사람에 대한 존중과 예절을 가정에서 양육자가 교육하자.

아이가 채팅으로 낯선 사람을 만나요

"우연히 중학교 3학년 아들의 스마트폰으로 카카오톡 채팅을 보게 되었어요. 낯선 사람과 "보고 싶다! 너 키스 좋아해?" 등의 내용을 주고받고 있더라고요. 서로 만날 약속 날짜도 잡았어요. 카톡 내용을 보는데 심장이 벌벌 떨리고 무섭습니다. 아이에게 어떻게 말해야 할까요?"

낯선 사람이 채팅으로 아이들에게 온라인 그루밍 성범죄를 일으키는 사례가 빗발치고 있다. 한국사이버성폭력대응센터의 '2020년 피해 상담 통계'에 따르면, 온라인 그루밍 피해자 10명 중 8명(78.6%)이 10대였다. '메신저'가 온라인 그루밍의 주요 통로다. 메신저의 비중은 2019년 26.8%에서 2020년 61.1%로 크게 늘었다.

'그루밍'은 가해자가 피해자의 심리를 조종하여 '길들이는 행위'를 의미한다. 그루밍 성범죄는 가해자가 피해자에게 호감을 얻거나 돈독한 관계를 만드는 등 심리적으로 지배한 뒤 성폭력을 가하는 것을 뜻한다. 보통 어린이나 청소년 등 미성년자를 정신적으로 길들인 뒤 이뤄지는데, 그루밍 성폭력 피해자들은 피해 당시에는 자신이 성범죄의 대상이라는 것조차 인식하지 못하는 경우가 많다.

그루밍 성범죄의 과정과 대처의 어려움

그루밍 성범죄를 저지르는 범죄자는 게임이나 채팅 앱으로 접근해 아이들에게 "멋있다. 예쁘다"고 칭찬하며 이름은 무엇이고 어느 학교에 다니는지 대화를 나눈다. 이렇게 정서적 지지를 해주며 좀 더 친해지면 '야한 놀이, 노예 미션' 같은 재미있는 놀이를 하자고 접근해 성착취 영상물을 요구한다.

이렇게 가해자들은 피해자에게 계획적으로 접근해 공통의 관심사를 나누거나 원하는 것을 들어주면서 신뢰를 쌓고, 심리적으로 점점 지배하게 된다. 그리고 피해자가 성착취를 자연스럽게 받아들이도록 조금씩 길들인다. 나중에 피해자가 이를 벗어나려고 하면 회유하거나 협박하면서 폭로를 막기도 한다. 이런 온라인 공간에서 서로 연락을 주고받아 실제 만남에서 강제추행 또는 성폭행으로 이어지는 경우도 많다.

그루밍 성범죄는 대처하기가 무척 어렵다. 피해자는 가해자로부터 '길들여졌기' 때문에 자신이 학대당하거나 피해당한다는 사실을 바로 알아채지 못하며 피해 기간도 길다. 표면적으로 피해자가 길들여져 스킨십, 성관계에 동의한 것처럼 보인다는 점 때문에 수사나 처벌도 어렵다. 그 때문에 그루밍 성범죄의 피해자는 대부분 성착취를 당한 사실을 인지하는 것에 어려움을 느껴 일반 성범죄보다 신고율이 낮다.

'사칭'까지 하는 온라인 그루밍 성범죄의 위험성

온라인의 무시무시한 점은 '익명성'이다. 게임이나 채팅으로 만난 사람이 내가 아는 그 사람이라고 믿을 수 있을까? 디지털 성범죄가 무서운 것은 익명성 뒤에 숨어 다른 사람으로 사칭할 수 있다는 것이다.

게임을 좋아하는 초등학교 5학년 남학생이 있었다. 스마트폰 게임을 통해 우연히 알게 된 사람과 즐겁게 대화하며 게임을 했다. 점점 친해진 둘은 서로 누구인지를 물어봤고 함께 게임을 하던 사람이 자기와 같은 5학년 여학생이라고 했다. 같은 나이로 편해진 둘은 서로 번호도 교환하고 문자를 주고받으며 더욱 친해졌다.

그러던 어느 날 5학년 여학생이 남학생에게 자기 몸을 찍은 사진을 보냈다. 남학생은 깜짝 놀라서 물어봤더니 "나 예뻐? 너를 좋아해서 특별히 보여주는 거야"라고 했다. 남학생은 당황하긴 했지만 자기를 좋아하고 관심을 보이는 여학생에게 푹 빠져들었다. 곧이어 그 여학생은 "내가 보냈으니 네 것도 보내봐. 네가 안 보내면 우리 친구 아니야"라고 말했다. 남학생은 어쩔 수 없이 자기 것도 찍어서 보냈다.

얼마 후에 그 여학생은 남학생에게 이제는 실제로 보고 싶다며 곧 만나자고 했다. 그리고 어디에 살고 어느 학교에 다니는지 구체적으로 물어봤다. 남학생은 그 말에 순순히 답했다. 그 후 여학생이 충격적인 대답을 했다.

"응, 지금 '내비' 찍고 갈 테니까 좀 이따 보자."

알고 보니 여학생이 아니라 여학생을 사칭한 어른이었다. 자기의 몸이라고 보냈던 사진도 다른 아동의 성착취물이었다. 그나마 만나기 전에 양육자가 알게 되어 경찰에 신고했다. 실제로 만났다면 어떤 끔찍한 일이 벌어졌을지 모른다. 이런 일이 지금도 비일비재하게 일어나고 있다.

가족 간의 대화와 유대가 가장 좋은 예방법

어떻게 그루밍 성범죄를 예방할 수 있을까? 한국사이버성폭력 대응센터는 크게 사회, 가족, 개인 단위에서 생각해보라고 권한다. 사회적 측면에서 보면 애플리케이션, SNS 등에서 최소한의 모니터링과 규제 조치가 있어야 한다. 온라인 그루밍에 대한 대국민 교육도 필요하다.

가족 단위에서는 양육자와 자녀의 정서적 연결이 가장 중요하다. 양육자와 자녀가 평소에 평등하게 대화하고 긴밀하게 소통하는 것이 가장 좋은 예방법이다. 무엇보다 10대 청소년들이 온라인 그루밍을 알고, 이를 범죄로 인식하는 것만으로도 큰 예방 효과를 낼 수 있다고 했다.(조해수, 〈'악마의 속삭임' 온라인 그루밍 "정확히 알아야 막을 수 있다"〉, 시사저널, 2021. 3. 1.)

내가 거듭 이 책에서 강조하는 말과 일맥상통한다. 가족 간의 끈끈한 유대와 대화만이 아이들이 범죄에 노출되지 않도록 막는 가장 좋은 예방법이다. 양육자가 먼저 온라인 그루밍 성범죄에 대해 명확하게 알고 아이와 대화하고 유대관계를 형성하기 위해 노력해야 한다.

양육자부터 먼저 공부하고 제대로 알고 있어야 아이가 피해를 당했을 때도 적절하게 대처할 수 있다. 아이 잘못으로 돌리거나 화를 내면 대화의 단절이라는 역효과가 날 수 있다는 것을 명심하자. 다시는 이런 범죄에 빠지지 않도록 성교육을 하면 된다.

스스로 해결하기 힘들다면 전문 기관에 신고하거나 전문가의 도움을 얻기를 바란다. 무슨 문제가 생겼을 때 스스로 성급하게 해결하기보다는 전문가에게 도움을 요청하는 것이 훨씬 더 현명한 방법이다.

5장

아들이 궁금해하는 성 궁금증 11

음낭은 왜 늘었다, 줄었다 하나요?

"선생님, 남성의 음낭은 왜 늘었다 줄었다 하나요? 추울 때는 쪼그라들더니 더울 때는 축 늘어져요. 볼 때마다 신기하고 궁금해요."

음낭의 변화는 우리 몸을 건강하게 유지하기 위한 정상적인 현상이다. 음낭은 흔히 고환으로 불리는데 남성의 생식기인 고환을 감싸고 있는 아래로 처져 있는 쭈글쭈글한 피부 주머니다. 음낭은 음경 아래쪽에 달려 있으며, 이 속에 좌우 한 쌍의 고환과 부고환, 정관 일부가 들어 있다. 음낭은 일반적으로 한쪽이 조금 비대칭인 것이 보통이다. 표면에는 가늘고 많은 주름이 있다. 여성의 생식기로 비교하면 대음순에 해당한다.

'온도 조절'을 위해 줄었다, 늘어났다 한다

음경과 음낭이 몸 밖으로 나와 있는 이유 중 하나는 '온도 조절'을 잘하기 위해서다. 음낭은 우리 신체 부위 중 자동온도조절장치가 가장 잘되는 곳이다. 정자는 보통 체온보다 2~3도 낮아

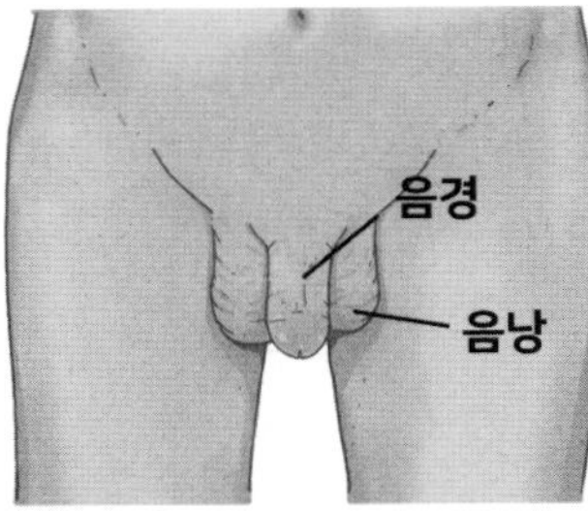

야 잘 생성되고 왕성한 활동을 한다. 가정에서 식품의 변질을 막기 위해 서늘한 냉장고를 사용해야 하는 것과 같은 이치다.

온도 조절을 위해 음낭은 줄어들기도 하고 늘어나기도 한다. 추운 겨울이나 찬물에 들어갔을 때, 긴장하거나 두려움에 휩싸여 있을 때는 조그맣게 오므라들어 몸에 밀착된다. 반면 더운 여름이나 뜨거운 물에서 목욕할 때는 길게 늘어지는 특성이 있다.

고환 온도가 높아지는 것을 방지하기 위한 자율신경의 조절 작용 때문에 나타나는 생리 현상이다. 고환 온도가 너무 올라가면 정자를 만드는 능력이 떨어진다. 음낭이 한껏 늘어짐으로써 표면적을 넓혀 열을 발산시켜 음낭 내의 온도를 낮추는 역할을 한다.

이렇게 음낭의 근육들은 자동온도조절장치처럼 작용해 고환이 정자를 생산하는 데 알맞은 온도를 유지한다. 그래서 음낭이 줄었다, 늘었다 하는 것은 지극히 정상적인 현상이다.

생식기를 건강하게 관리하기 위해서는 자신에게 맞는 편한 팬티를 입는 것이 중요하다. 그것이 정자의 건강에도 영향을 미친다. 미국 하버드대학교 보건대학원은 2007~2017년 매사추세츠 종합병원의 불임 클리닉 남성 환자 656명을 대상으로 연구를 진행했다. 연구에서는 평소 편한 복서 팬티를 입은 남성들의 '정자 농도'가 꽉 달라붙는 팬티를 입은 남성보다 25% 높게 나온 사실이 밝혀졌다.

팬티는 꽉 조이는 것보다 되도록 시원하고 통풍이 잘되는 사각 면 팬티를 추천한다. 정자의 건강을 위해서는 고환을 시원하게 유지하는 것이 핵심이다. 사각 면 팬티를 입었을 때 좀 더 편하고 자유롭다. 이렇듯 내 몸에 대해 잘 알고 관리하는 것이 중요하다.

여자애가 갑자기 성폭력이래요

"중학교 2학년 남학생입니다. 학교 친구들과 서로 게임을 하며 놀다가 실수로 여자애 가슴을 만졌어요. 그때 여자애 표정이 좋지 않았지만, 게임 중에 일어난 일이니 크게 신경 쓰지 않았습니다. 그런데 며칠 뒤 그 여자애가 저에게 연락했어요. '네가 그때 내 가슴을 만졌을 때 기분 나빴어. 이거 성폭력 아니야? 왜 사과하지 않았어?' 순간 많이 놀랐어요. 왜 그때는 아무 말 없더니 갑자기 제가 잘못했다고 하죠? 억울해요."

여학생 입장에서 충분히 그럴 수 있다. 남학생도 당황스럽긴 하겠지만 여학생이 그 당시 불쾌함을 느꼈던 것은 명확한 사실이다. 여학생은 이렇게 말하기 전까지 충분히 많은 고민을 했을 것이다.

그 당시 여학생이 표정이 좋지 않았고 신경 쓰지 않은 건 실수한 것이다. 표정이 왜 안 좋은지 물어볼 수도 있었는데 남학생은 그냥 넘겨버렸다. 근데 여학생한테 왜 이제 말하냐고 탓하듯이 말하는 건 적절하지 않다.

폭력이란 내 의도와 상관없이 일어나기도 하지만 그렇다고 해서 그게 폭력이 아닌 것은 아니다. 그러니 다시 생각해보고 사과해야 한다.

성폭력 피해를 바로 말하지 못하는 이유

"왜 그때는 가만히 있다가 이제야 말하는 거야?"

성폭력 피해자가 성폭력 피해를 이야기했을 때 가장 많이 듣는 말 중 하나일 것이다. 그러나 이런 생각은 편견이다. 성폭력을 당했다고 해서 모든 피해자가 곧바로 거부 의사를 표현하거나 하지 말라고 말할 수 있을까?

그런 사람도 있지만 상황에 따라 순간 너무 놀라서 몸이 굳거나 말하지 못하는 사람도 있다. 그리고 나중에 곰곰이 생각해보고는 성폭력이라는 것을 깨닫는 경우도 있다. 이것은 비단 여자뿐만 아니라 남자도 마찬가지다.

춤을 좋아해 학교 댄스 동아리에서 활동하는 중학교 1학년 남학생이 있었다. 학교 축제 공연을 위해 준비하는데 같은 댄스 동아리의 3학년 여자 선배가 파트너가 되었다. 처음에는 친절하게 잘 알려주던 여자 선배가 어느 순간부터는 점점 스킨십의 강도가 세졌다. 남학생의 몸을 여기저기 은밀히 만지는 것도 모자라 엉덩이까지 만졌다. 귀엽다며 볼을 비비고 꼬집기도 했다. 남학생이 어느 정도 싫다고 표현했는데도 "춤 연습하는데 왜 이렇게 예민하냐"라며 계속해서 이어갔다.

그때 당시 남학생은 너무 불쾌하고 화가 났지만 공연을 준비해야 했기 때문에 꾹 참고 견뎠다. 공연을 마치고 시간이 지난 뒤 자신이 당한 것이 성폭력이라고 생각해 어렵게 용기를 내어 학교에 말했다. 이렇듯 성폭력에는 여러 복잡한 상황이 얽혀 있기 때문에 피해자는 곧바로 말하기가 쉽지 않다.

실수라 해도 '사과하기'

피해자가 성폭력에 대해 어렵게 말을 꺼내면 '그동안 왜 말하지 않았나?', '그때 거부할 수도 있었는데 하지 않았으니 너도 어느 정도 책임이 있는 거야'라고 뒤집어씌우는 것은 매우 잘못된 행동이다. 늦게나마 말하는 것도 무척 큰 용기가 필요하다. 이유가 어떻든지 말하는 시점은 크게 중요한 것이 아니다. 피해자는 피해를 입은 그 이유 하나만으로도 인정받아야 한다.

아무런 의도 없이 실수로 만졌다고 하더라도 '사과'하는 것이 옳다. 학교나 회사 엘리베이터 안에서 내가 움직이다가 누군가의 얼굴을 쳤다고 가정해보자. 내가 의도하지 않았어도 상대방을 쳤다면 우리는 당연히 사과한다.

어느 날 피해를 본 사람이 나에게 와서 "당신이 그때 내 얼굴을 쳐서 아팠어요"라고 말했을 때 "왜 그때 말하지 않고 이제야 말하세요? 당신이 그때 말하지 않았으니 당신도 책임이 있는 거예요"라고 하는 사람은 없을 것이다. 내가 의도하지 않았어도 상대방은 분명 피해를 봤기 때문에 인정하고 사과해야 한다.

성폭력도 마찬가지다. 내가 의도하지 않았어도 상대방이 피해를 입었기 때문에 사과하는 것이 옳다. '사람이 사람에게 피해를 주었기 때문에 사과하는 것이다.' 여기서 사과는 빠를수록 좋다. 물론 진정성 있는 사과여야 한다.

행여 내가 그 사실을 모르고 지나쳤다고 하더라도 알기 위해 노력해야 한다. 진정성 있게 사과를 하면 상대방도 기분이 풀려 대부분 용서하고 넘어갈 것이다. 다른 사람이 나에게 실수했을 때도 마찬가지다.

사과는 아이나 어른이나 상관없이 누구나 갖춰야 할 기본 자질과 태도다. 이런 '태도'가 자신의 인품에 영향을 미치고 결국 인생을 좌우할 수 있다. 혹시라도 누군가에게 실수를 하거나 상대가 나에게 피해당한 사실을 먼저 말한다면 진심으로 사과하자.

자위하면 키가 안 크나요?

"중학교 2학년 남학생입니다. 선생님, 자위하면 키가 크지 않나요? 현재 일주일에 한 번 정도 합니다. 주위에서 자위하면 키가 크지 않는대요. 걱정됩니다."

남자 청소년들에게 가장 많이 받는 질문 중 하나가 '자위'다. 그중 자위하면 키가 크지 않느냐는 질문을 자주 받는데 사실이 아니다. 이런 걱정을 하는 이유는 자위를 하면 몸의 영양이 손실된다고 여기기 때문이다. 비뇨의학과 전문의에 따르면 가벼운 자위행위는 영양 손실이 되지 않는다고 한다. 자위한다고 해서 성장호르몬이 줄어들거나 없어지는 것이 아니다. 자위는 키에 직접적인 영향을 미치지 않는다.

다만 과유불급(過猶不及, 지나치면 미치지 못한 것과 같다)이다. 잦은 자위는 한창 중요한 성장 단계에 있는 청소년들에게 학업과 일상생활의 흐름을 방해할 수 있다. 성장호르몬이 분비되는 밤에 자위행위를 하면 키 성장에 필수적인 수면 시간이 줄어든다. 낮에 쉽게 피곤하고 숙면을 저해하는 등 키 성장을 방해하는 요소로 작용할 수 있다.

자극적인 자위는 성기능 저하를 가져온다

과도한 자위행위는 아직도 많은 학자들 사이에서 논란의 대상이 되고 있다. 실제로 호주 멜번 소재 빅토리아 암 평의회(Cancer Council Victoria) 그레이엄 자일스 박사 연구팀은 과학저널 〈뉴 사이언티스트〉 최신호에서 '남성이 규칙적으로 사정을 하면 전립선 내 암 유발 화학물질의 축적을 막아 전립선암 위험을 줄일 수 있다'라고 발표했다.

반면 영국 노팅엄대학교 연구팀은 전립선암에 걸린 60대 남성을 포함, 840명을 대상으로 조사한 결과 젊을 때 일주일에 2~7회 자위를 한 그룹은 한 달에 1회 이하로 한 그룹에 비해 60대 때 전립선암이 생길 위험이 79%나 더 높았다고 〈영국 국제비뇨기학회지(BJU International)〉 최신호에 발표했다. 연구팀은 자위를 많이 하면 남성호르몬 분비가 촉진되며, 증가한 남성호르몬 수치가 전립선암의 위험을 높이는 것으로 해석했다.

빠르고 잦은 자위는 정서적으로 공허함과 허탈함을 준다. 너무 자주 자위를 하게 되면 도파민 수용체의 감소를 유발해 실제 성관계에서 무기력함을 느낄 수 있다. 성기능 저하가 걱정된다면 지나치게 자극적인 자위행위를 삼갈 필요가 있다.

키 성장에 가장 좋은 방법은 '균형 잡힌 식습관, 규칙적인 운동, 충분한 수면'이다. 특히 성장호르몬이 많이 분비되는 밤 10

시~새벽 2시에 깊이 잠들어야 한다. 일정한 식생활과 취침, 기상 등 규칙적인 생활 리듬이 원활한 키 성장의 기본적인 요소다.

일주일 2~3회 정도

자위는 자신의 체력과 일상생활에 지장을 주지 않는 선에서 적당히 해도 좋다. 적당한 자위는 사춘기 때 넘치는 성욕을 해결하고 스트레스를 해소하며 긴장을 완화한다. 자위를 통해 오르가슴에 다다르면 뇌에서는 옥시토신과 엔도르핀이 분비되고 이것은 숙면에 도움을 준다.

자위 횟수에 대한 질문도 받는데 보통 일주일에 2~3회 정도 권한다. 이것도 개인차가 있으므로 자신에게 무리가 가지 않는 선을 정하고 하면 된다. 자위하면 키가 크지 않는다는 고민으로 스트레스를 받을 시간에 자위하고 편히 숙면하는 것이 더 나은 선택일 것이다.

음란물을 끊을 수가 없어요

"중학교 2학년 남학생입니다. 초등학교 4학년 때 인터넷으로 검색하다 우연히 음란물을 보게 되었어요. 그때부터 여성 가슴, 엉덩이, 섹스 등 성적인 단어를 계속 찾아봤습니다. 음란물을 보면서 자연스럽게 자위까지 하게 되었네요. 요즘은 음란물이 계속 생각나고 더 자극적인 걸 찾아요. 공부에도 집중하기 힘든데 괜찮을까요?"

음란물에 빠져들거나 헤어나지 못하는 아이들이 많다. 요즘 아이들은 온라인을 통해 무차별적으로 음란물에 노출된다. 어릴 때 끔찍한 음란물을 보고 충격을 받은 아이들을 실제로 만나면 무척 힘들어한다. 자꾸 머릿속에서 떠나지 않는다고 하소연한다. 처음에 봤을 때는 더럽다고 생각했는데 계속 보게 되고 음란물의 자극에 무뎌지고 있었다. 주변의 친구들에게 야한 농담을 하거나 음란물을 나누다가 성폭력 사건이 발생하기도 한다.

성적인 생각과 상상은 자연스러운 것이다. 성 충동을 느끼고 호기심을 가지는 것은 사람의 건강한 욕구이기 때문에 부끄러워할 일은 아니며 잘못된 것도 아니다. 성은 사랑, 생명, 기쁨 안에서 조화를 이루고 우리의 삶을 소중하고 아름답게 만든다.

하지만 음란물에 나오는 성은 소중한 가치관을 모두 배제하고 짓밟아버린다. 성을 단순히 말초적이고 쾌락적인 자극과 배설 따위로 바꾸어버린다. 그 안에 인간에 대한 존중과 생명은 안중에도 없다. 무엇보다 음란물은 '나 자신'을 조금씩 갉아먹고 파괴한다. 모든 문제 해결은 문제를 제대로 인식하는 것부터 시작된다. 음란물이 왜 문제인지 정확하게 이해하고 이를 극복하기 위해 노력해야 한다.

음란물의 문제점

신체적, 정신적 건강에 악영향을 미친다

야한 사진과 영상을 보면 우리 뇌는 쾌락과 보상의 중추인 도파민이라는 호르몬이 홍수처럼 쏟아져 나온다. 이 행위가 반복되면 도파민 수용체도 증가한다. 더 많은 도파민과 쾌감을 원하게 된다. 학업과 일에 대한 수행 능력이 떨어지고, 특히 집중력, 인지 능력 저하가 생긴다.

영국의 케임브리지 대학교 연구진은 온라인 포르노에 빠진 어린 학생의 뇌를 촬영했다. 학생이 음란한 이미지를 보자 활발하게 반응하는 뇌 영역은 보상, 자극, 쾌락을 처리하는 부분이었는데, 이는 마약이나 알코올 중독으로 인한 반응 부위와 똑같았다. 성적인 것을 찾고 보는 행위도 더 많이 하게 된다는 것이다. 뇌 보상회로가 정상적으로 작동하지 않으면 일상적인 자극으로 만족하지 못하게 된다. 즉, 중독에 빠진다는 의미다.

음란물을 많이 볼수록 판단력이 줄어들고, 절제력이 떨어져

다시 음란물에 집착하게 되는 악순환에 빠진다. 일반 음란물에 점점 무뎌지면 근친상간, 강간, 수간(동물하고 성행위를 하는 것) 등 더 자극적인 음란물로 이어지게 된다. 그와 동시에 행동을 막을 수 있는 통제력이 떨어진다. 음란물은 우울증과 무기력 등 심리적인 문제뿐 아니라 발기부전, 성기능 저하 같은 육체적인 문제까지 일으킨다.

공격성을 높인다

음란물을 보면 공격성이 높아진다는 사실이 실험으로도 입증됐다. 전남대학교 심리학과 윤가현 교수 연구팀은 EBS 〈다큐프라임〉 '아이의 사생활 II' 제작팀과 진행한 '포르노-공격성 연관성 실험'에서 포르노가 다른 영상물에 비해 공격 성향을 뚜렷하게 높이는 것으로 밝혀냈다.

'포르노-공격성 연관성 실험'은 남자 대학생 120명을 세 그룹으로 나눠 각각 자연 다큐멘터리, 일반 포르노, 폭력적 포르노를 15분간 보게 하고 공격성 측정 방법인 다트를 던지는 실험을 했다. 공격성 판단은 사람 및 사물 표적 가운데 사람 표적에 다트를 던지는 빈도를 따져 분석했다. 실험 결과 자연 다큐를 본 그룹은 사람 표적에 다트를 평균 0.3회 던졌지만, 일반 포르노를 본 그룹은 1.4회, 폭력적 포르노를 본 그룹은 2.4회를 던졌다. 자연 다큐를 본 사람보다 폭력적인 포르노를 본 그룹이 여덟 배나 높은 공격성을 보인 것이다. 특히 여성 표적에 대한 공격성이 더 높게 나타났다.

음란물 중독은 범죄로 이어질 수 있다

실제로 음란물에 중독되어 극악무도한 범죄에 가담한 사례도 있다. 텔레그램 n번방을 개설한 갓갓과 함께 성착취물을 제작·유포하고 피해자를 성폭행한 '안승진'이다. 안승진은 2015년 3월부터 2016년 3월까지 SNS로 미성년자 약 10명에게 접근해 노출 영상을 전송받고 이를 빌미로 피해자들을 협박해 아동 성착취물을 제작했다. 또한 2015년 4월에는 SNS로 알게 된 당시 만 12세였던 아동 1명을 협박해 강간했다.

그는 기자들이 왜 이러한 범죄를 저질렀느냐고 질문하자 성적 호기심이자 '음란물 중독'이라고 말했다. 경찰은 안승진이 범행을 통해 받은 범죄수익금은 현재까지 없다고 했다. 잘못된 성적 호기심과 음란물 중독에 빠져 범죄를 저지른 것이다.

생활 패턴부터 바꿔라

문제를 해결하지 못하는 사람들의 가장 큰 문제는 본인의 문제가 무엇인지 모른다는 것이다. 음란물의 문제를 정확하게 알고 나에게 어떤 영향을 미치는지 알았다면 이것을 끊기 위해 행동해야 한다.

음란물 중독에서 벗어나고 싶을 때 가장 먼저 해야 할 일은 '패턴을 바꾸는 것'이다. 중독의 70~80% 이상이 일상적인 습관과 반복으로 몸에 학습된 패턴 때문에 발생한다. 아침에 일어난 후, 식사 후, 일을 끝내고 휴식 시간에 담배를 습관처럼 피우는 사람처럼 말이다.

우선 음란물에 노출되는 환경에 놓이지 않아야 한다. 요즘은 주로 실시간 스트리밍으로 음란물을 보기 때문에 자주 가는 음란물 사이트가 있다면 차단하라. 자기 전에 생각난다면 컴퓨터를 끄고 바로 자야 한다. 보통 음란물을 보면서 자위를 하는데, 자위할 때도 음란물을 보지 않도록 패턴을 바꿔야 한다.

처음에는 힘들지만 생활 패턴을 하나씩 바꿔나가면 점점 나아질 것이다. 이런 중독에서 벗어나는 가장 좋은 방법은 사람을 만나 교류하는 것이다. 운동이나 야외활동 등 사람을 만나 대화하고 소통하는 활동을 해야 한다. 어떠한 방법으로도 스스로 해결할 수 없다면 병원이나 성교육 기관에서 전문가를 찾아 교육이나 상담을 받는 것도 방법이다.

당장 치유가 안 되더라도 자책하지 말자. 담배나 술에 빠진 사람도 한순간에 치유하기가 불가능하듯이 음란물도 마찬가지다. 시간이 꽤 걸리더라도 조금씩 실천하면 된다. 무엇보다 음란물을 보는 것은 불법이다. 이제 음란물이 타인뿐만 아니라 결국 자신을 점점 갉아먹고 파괴한다는 것을 인지하자.

여성이 성 경험이 많으면 성기나 유두 색깔이 변하나요?

"여성은 성 경험이 많으면 성기가 늘어나고 성기와 유두 색깔이 점점 검게 변한대요. 정말 그런가요? 심지어 성 경험이 많은 여성을 '걸레'라고 말하는 친구들도 봤어요."

여성의 성기나 유두 색깔에 관해 오해하는 사람들이 참 많다. 특히 성관계 경험이 많으면 성기나 유두 색깔이 변하거나 성기가 늘어난다는 속설이 있다. 이로 인해 성관계를 할 때 성기 색깔이 검거나 늘어나 있으면 이 사람은 경험을 많이 했을 거라고 생각하는데 이는 매우 잘못된 생각이다.

색소 침착은 호르몬과 멜라닌 색소 때문이다

성기의 색깔과 모양은 성교 횟수와 상관이 없다. 모든 사람이 얼굴과 피부색이 다른 것처럼 유두나 성기의 색 역시 개인에 따라 다른 것이다. 먼저 유두의 크기나 색깔은 호르몬의 영향을 받는다. 에스트로겐이라는 여성호르몬이 여성의 생식기와 유방을 발달시키고 유두를 크게 만들며 빛깔을 진하게 변화시킨다.

피부의 멜라닌 색소 역시 색을 진하게 하는 데 영향을 미친다. 호르몬이 많이 분비되거나 멜라닌 색소가 많은 사람일 경우에는 생식기 색도 진하게 마련이다. 어릴 때는 남자든 여자든 밝은색을 띠지만 성장해가면서 멜라닌 색소가 성기에 착색되면서 밝은색이 점차 검어진다. 이런 과정에서 사람에 따라 색소 침착이 과하게 되는 경우도 있다.

문제는 단순히 색소 침착이나 성기 모양을 보고 성관계를 많이 했다고 의심하는 것이다. 참 어리석고 바보 같은 생각이다. 남성들은 음란물에서 본 여성들의 연출된 분홍색 성기를 기준으로 판단해서는 안 된다. 마치 성기가 크고 탄탄한 남성 배우를 보며 자신의 성기와 비교하듯이 말이다.

예전부터 내가 가장 싫어하는 말이 있다. 바로 '남성은 경험이 많으면 선수, 여자는 걸레'라는 말이다. 남성이 성 경험이 많으면 자랑인 데 반해 여성이 성 경험이 많으면 '까졌다'라고 말하며 몹시 부정적으로 본다. 여성을 동등한 인격체가 아닌 단순히 물건으로 취급하며 존중하지 않기 때문이다.

이런 편견 때문에 인터넷에 '소음순'이라고 치면 온통 수술 광고만 나온다. 병원들은 비대칭이거나 늘어난 소음순을 수술해서 예쁘게 만들어준다며 홍보하고 있다. 이제 얼굴뿐만 아니라 성기마저도 성형하는 시대가 되었다.

있는 그대로 존중하자

나는 소음순 수술을 무조건 반대하지 않는다. 음순이 늘어나 쓸리거나 아픈 사람에게는 꼭 필요한 수술이다. 늘어나거나 비대칭인 소음순으로 인해 성관계 시 통증을 느끼거나 위생상의 문제가 있다면 수술을 받아야 한다. 다만 단순히 사회나 사람들이 정해놓은 시선으로 인해 수술을 받는 것은 지양해야 한다. 정말 자신이 주체적으로 원하는 경우가 아니라면 신중히 생각하자.

여성 성기의 이상적인 모양이나 표준화된 아름다움은 없다. 우리의 얼굴, 피부색이 다 다르듯이 성기 모양도 각양각색이다. 누구나 자신의 성기 모습 자체가 정상이고 온전한 것이다. 성기 모양을 따지거나 판단하지 말고 있는 그대로 존중하길 바란다.

섹스를 너무 하고 싶어요

"고등학교 2학년 남학생입니다. 여자친구를 사귀고 있는데 섹스를 너무 하고 싶어요. 손만 잡는 것도 좋지만 어떨 때는 껴안고, 뽀뽀하고, 막 섹스하고 싶어요. 이런 생각을 하는 제가 가끔은 더러운 것 같아요. 어떡하죠?"

사랑하는 상대방과 손잡고, 껴안고, 뽀뽀하고, 섹스하고 싶은 것은 자연스러운 마음이다. 자신을 더럽다거나 잘못된 것으로 보지 않아도 된다. 이런 생각을 자꾸 부정하고 더럽다고 할수록 스스로 더 괴롭고 힘들어진다. 섹스란 누군가에게는 굉장히 설레고 기대되는 일이지만 누군가에게는 매우 걱정되고 위험한 일일 수 있다. 그래서 섹스하기 전에는 충분히 생각하고 준비해야 한다.

커플 자전거를 탄다고 생각해보자. 우선 상대방이 자전거를 타기 원하는지 물어보고 동의를 얻어야 한다. 함께 자전거를 타는 것은 즐겁고 신나는 일이지만 타기 전에 안전 수칙을 충분히 숙지하고 서로의 호흡이 맞아야 사고가 나지 않는다.

혼자만의 생각으로 한 명이 거칠게 운전하거나 갑자기 커브를 돌면 어떻게 될까? 넘어지거나 사고가 날 것이고 자신뿐만 아니라 함께 탄 사람도 위험해질 것이다. 이와 마찬가지로 섹스를 할 때도 서로 충분히 마음의 준비가 되고 안전하게 할 수 있을지 점검해야 한다.

섹스에 대한 욕구를 어떻게 조절하고 다스리냐에 따라 인생의 중대한 갈림길에 설 수 있다. 섹스를 하기 전 다음 사항에 대해 스스로 질문하고 숙지하자.

섹스의 결과에 대해 책임질 수 있는가?

섹스를 단순히 '좋아서, 성적 욕구를 해소하기 위해' 하고 싶다면 위험한 생각이다. 섹스는 혼자가 아닌 함께 소통하는 것이고 그에 따른 임신, 성병 등 막중한 책임이 뒤따르기 때문이다. 나는 왜? 누구와 어떻게 섹스를 할 것인지 깊이 생각해보자. 그리고 서로가 그 결과에 충분히 책임질 수 있는지 신중하게 따져봐야 한다.

서로가 정말 원하는 것? '동의와 합의'

당연하지만 대부분 깊이 생각하지 않고 넘어가는 것이 섹스에 대한 '동의와 합의'다. 서로 섹스를 하는 것에 대한 적극적인 동의가 있는지 생각해야 한다. 섹스는 반드시 동의와 합의가 필요하다. 성적 동의는 'No means No'를 넘어 'Only Yes means Yes'로 가야 한다. 보통 드라마를 보면 남자 주인공이 여자 주인공을 거칠게 안거나 키스하려고 한다. 여성은 처음에는 거절하지만 결국 받아들이는데 이것은 잘못된 성 인식을 심어준다. 상대방의 거절은 허락의 의미가 아니라 진짜 아니라는 뜻이다.

그리고 예스는 항상 '현재의 예스'라는 것을 명심해야 한다. 과거에 내가 이 사람하고 키스하고 성관계를 한 것은 중요하지 않다. 바로 지금 이 순간 아니라고 하면 아니다. 동의는 상대방의 명시적인 '예스'를 확인하는 수준을 뛰어넘어, 상대의 비언어적 '노'를 민감하게 읽어내고 반응하는 것이 중요하다. '동의'의 의미는 상대방과 끊임없이 소통하며 재구성된다. 침묵은 결코 동의가 아니다. 동의가 없는 것은 '성폭력'이라는 사실을 반드시 명심하자.

안전을 제일 우선으로 하는가? '피임과 검진'

성관계 전에 피임과 검진은 필수이자 절대 빼놓아서는 안 되는 통과의례다. 한 번의 성관계로도 자칫 임신과 성병 등 막중한 책임이 따를 수 있다. 콘돔을 사용할 것인지 피임약을 먹을 것인지 콘돔과 피임약 둘 다 사용할 것인지 정해야 한다.

피임뿐만 아니라 반드시 병원에 가서 '성 건강검진'을 받아야 한다. 얼굴만 보고는 성병 여부를 알 길이 없다. 서로에게 성병은 없는지 병원에 가서 검진을 받아야 한다. 이건 비단 청소년뿐만이 아니라 성인도 마찬가지다. 섹스하기 이전에 이런 것들이 충분히 준비되지 않았다면 절대 해서는 안 된다. 안전한 섹스보다 우선되는 것은 없다.

섹스는 신중하게 해야 한다

충동적이고 순간적인 욕구로 하는 섹스는 위험하다. 섹스를 하기 전에 서로의 몸에 대한 충분한 지식과 대화가 필요하다. 나는 강의 때마다 서로의 섹스 안에 성의 3대 요소인 '사랑, 생명, 기쁨' 세 가지 요소가 있는지를 확인하라고 말한다. 온전히 이 사람을 사랑하는지, 그리고 생명을 존중하는지, 마지막으로 그 관계에서 기쁨이 있는지 고민해보자.

몸과 마음의 준비부터 시작해 동의, 합의, 피임, 검진까지 확실히 가능한지 깊이 생각해보자. 순간의 상황이나 분위기에 휘둘리지 말고 이런 기준을 고려해서 행동해야 한다. 서로 감당할 수 없다면 애당초 시작하지 않는 것이 현명하다. 중요한 시험이나 면접을 준비할 때처럼 깊이 생각해보고 신중하길 바란다.

여성은 처음 섹스를 하면 피가 나오나요?

"안녕하세요, 궁금한 게 많은 고등학생 남자입니다. 인터넷으로 검색해보니 여성은 처음 성관계를 하면 처녀막이 파열되어 피가 나온다고 합니다. 친구들도 이걸로 첫 성관계 여부를 알 수 있다고 하는데, 맞나요?"

성에 관해서 잘못된 속설이 너무 많다. 이런 속설은 특히 여성들의 성을 더 억압하고 자유롭지 못하게 만든다. 그중 하나가 바로 여성의 첫 성관계와 처녀막에 관한 속설이다. 보통 여성이 첫 성관계를 하면 처녀막이 찢어져 피가 나온다고 알려져 있다.

첫 성관계에서 출혈 확률은?

흔히 처녀막이라고 부르지만 '질주름'이 정확한 명칭이다. 처녀막이라는 말 자체도 잘못된 표현이기 때문이다. 처녀막은 여성의 첫 성관계를 신화로 삼아 통제하려는 남성들의 지배의식이 포함돼 있는 말이다. 과거에는 처녀의 상징이나 정조의 징표로 사용되며 여성에게 일방적으로 처녀성을 요구하기도 했다. 처녀성은 여성의 섹슈얼리티와 몸에 대한 소유권을 박탈하는 폭력적

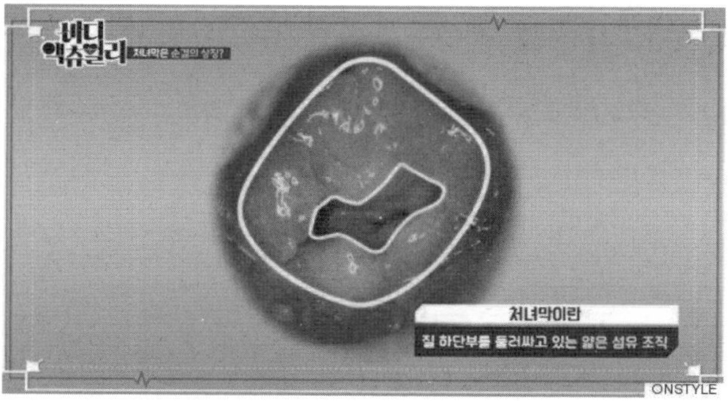

출처 : 〈바디 액츄얼리〉, 온스타일

인 말이다. 단어 자체가 인권 침해적이다.

질주름은 질 입구를 일부 가리고 있는 굉장히 유연하고 탄력적인 조직이다. 질의 입구 하단부에 위치하며, 외부 생식기와 내부 생식기의 경계이다. 단면으로 봤을 때 질 내경에 동그랗게 테두리를 두르고 있는 모양이다.

처녀막이라는 단어에서 연상되는 이미지처럼 질을 막고 있지도, 뭔가에 뚫려서 터지는 것도 아니다. 그렇다면 월경혈이 어떻게 나올 수 있겠는가? 이 막은 실제적인 기능도 거의 없다. 질주름은 사람마다 생김새와 두께가 달라서 어떤 사람은 유산소운동, 자전거 타기, 요가 등 신체 활동을 하다가 파열되기도 한다.

기사에 따르면 처음부터 질주름의 흔적만 있거나 아주 작은 구멍만 있거나, 아예 질 입구를 폐쇄한 경우도 있다.(윤정원, 〈처녀막이 아니라 질주름이다〉, 시사인, 2017. 8. 31.) 손가락을 삽입하다가 늘어나거나 찢어질 수 있다. 성기 삽입 이후에도 찢어지지 않을 수 있고, 찢어졌다가 다시 아물 수도 있다. 첫 성관계에서 출혈이 있는 여성은 50%도 안 된다는 연구 결과가 있다.

사랑하는 사람에게 온전히 집중하자

여기서 질문하고 싶다. 처녀막 논란을 떠나 사랑하는 사람을 만나는데 첫 성관계 여부가 그렇게 중요한 것인가? 남자들의 첫 성관계 여부에 대해서는 아무도 궁금해하지 않는다. 오히려 성관계를 많이 할수록 능력 있는 남자로 여긴다.

하지만 여자는 이와 반대다. 심지어 첫 성관계를 보여주기 위해 처녀막 재생 수술을 하는 여성도 있다. 누구를 만나든 내가 사랑하는 사람에게만 온전히 집중하기도 모자라다. 이상한 속설 같은 것은 접어두고, 지금 내 앞에 있는 사람에게 집중하자. 성에 대해 제대로 공부하고 배워야 하는 이유다.

키스만으로도 성병에 걸릴 수 있나요?

"학교 수업 시간에 성교육을 받았습니다. 안전하게 성관계를 하지 못하면 성병에 걸릴 수 있다고 합니다. 궁금한 게 있는데 성관계를 하지 않고 키스만으로도 성병에 걸릴 수 있나요?"

키스만으로도 충분히 성병에 걸릴 수 있다. 성병은 성관계를 통해서만 전염되는 것이 아니다. 직접적인 성기 접촉 없이도 성병에 걸릴 수 있다.

성병에 걸린 사람과 성관계는 물론 키스, 신체 접촉, 구강성교 등을 통해서도 감염될 수 있다. 성병균이 존재할 수 있는 체액(타액, 질 분비물, 정액 등)이 직간접적으로 접촉하면 성병 감염의 위험이 매우 크다.

키스로 인해 걸리는 성병(출처 : 100% 건강함 연구소)

키스로 감염되는 성병을 몇 가지 이야기하면 헤르페스, 매독, HPV(사람유두종바이러스), 에이즈가 있다.

헤르페스

헤르페스는 HSV(단순포진 바이러스) 감염으로 발생하는 성병이다. 이 바이러스 감염이 원인이 되어 생긴 수포와 염증에 접촉하는 것으로 전염이 가능한 성병이다.

헤르페스는 입 주위에 염증을 일으키는 1형과 생식기 부분에 염증을 일으키는 2형 두 가지가 있다. 구강성교로 구강과 생식기에 교차 감염이 가능하므로 이런 구분은 무의미하고 키스만으로도 1형과 2형 헤르페스에 모두 걸릴 수 있다. 헤르페스는 염증과 수포, 통증을 일으켜 불쾌함과 불편함을 주지만 신체에 치명적인 영향을 주거나 목숨을 앗아가는 종류의 성병은 아니다.

하지만 중요한 것은 헤르페스 바이러스를 현대의학으로 완치할 수 없다는 것이다. 병원에서 헤르페스 치료에 사용하는 항바이러스제는 헤르페스 때문에 생기는 염증과 수포를 치료할 뿐이다. 한번 헤르페스에 걸리면 평생 염증이 생길까 노심초사하며 살아야 한다. 그러니 되도록 헤르페스 바이러스에 감염되지 않도록 조심해야 한다.

매독

매독 감염의 초기 단계에서는 생식기, 구강 등의 부위에 통증이 없는 피부 발진 같은 것이 발생한다. 하지만 이 단계에서도 매독은 전염성이 아주 강하고 헤르페스와 마찬가지로 염증 부위의 접촉으로 감염된다. 감염자가 구강 매독을 앓고 있다면 키스만으로 충분히 매독이 전염될 수 있다.

매독은 병원에서 항생제를 사용해 비교적 쉽게 치료할 수 있는 성병에 속하며 매독 감염자의 수가 많지 않기 때문에 심각하게 두려워할 필요는 없다. 하지만 증상이 나타났는데도 약 6주간 지속되는 초기 증세를 가볍게 여기고 무시하면 매독이 2차 단계로 진행될 수 있다.

2차 매독은 독감과 비슷한 증상, 온몸의 피부 발진, 탈모 등으로 나타난다. 증상이 사라졌다고 해서 자연치료가 되었다고 생각해서는 안 된다. 매독균은 수년간 몸속에 잠복할 수 있고 언젠가 3차 매독으로 발전해 실명, 전신 마비, 심장질환, 안면 붕괴, 신경 손상, 심지어 사망까지 이를 수 있다.

HPV(사람유두종 바이러스)

HPV는 바이러스 성병으로 감염된 부분의 피부 접촉만으로도 감염되기 때문에 전염이 아주 쉽다. 따라서 HPV를 가지고 있는 사람과의 키스만으로도 전염된다. HPV의 종류는 200가지가 넘을 정도로 다양하다. 대부분은 감염되어도 사마귀를 일으키는 등 크게 위험하지 않다. 치료를 통해 바이러스를 즉각 제거할 수는 없어도 약 2년 안에 인체의 면역계에 의해 저절로 제거되기도 한다.

하지만 고위험군에 속하는 HPV는 몸에서 암으로 발전할 가능성이 있으므로 주의해야 한다. HPV는 여성의 항문, 자궁경부,

질에서, 남성의 음경, 항문에서 암을 일으킬 수 있다. 그리고 키스를 통해 구강에 감염된 고위험 HPV는 인후암 또는 뇌종양을 일으킬 수 있으니 주의해야 한다. HPV 예방접종은 이런 바이러스를 예방하는 데 도움이 된다.

에이즈(후천면역결핍 증후군)

에이즈는 HIV 바이러스 감염이 진행되어 나타나는 질환이다. 면역계를 공격해 무기력하게 만드는 이 바이러스는 체액(혈액, 정액, 질액, 모유) 등을 매개체로 하여 전염된다. 참고로 HIV에 감염되었다고 해서 모두 에이즈 환자가 되는 것은 아니다. 관리만 잘하면 에이즈로 되는 것을 막을 수 있다.

살짝 입을 맞추는 뽀뽀로 에이즈 바이러스가 전염될 가능성은 없다. 하지만, 입속에 상처, 염증이 있을 때 키스를 하게 될 경우 위험할 수 있다.

성병, 잘 예방하고 잘 치료받자(출처: 의학 전문 칼럼 하이닥)

성병을 예방하려면 평소에 생식기 부위를 청결히 하는 등 개인 위생 관리를 철저히 하는 것이 좋다. 성관계 시 콘돔을 반드시 사용해야 한다. 한 명의 파트너와 지속적인 성관계(일대일 성관계)를 갖고, 동시에 여러 명의 상대자와 성관계를 갖지 않는다. 성병 감염의 위험성이 있는 상대와의 성관계는 피하자.

성병에 걸리면 대개 증상을 못 느끼는 경우가 많다. 그런데 생식기 부종, 통증, 생식기 궤양, 물집, 사마귀, 가려움증(소양감) 등을 느끼거나, 하복부 혹은 배뇨 시 통증, 비정상적인 분비물(색, 냄새 등의 변화)이 있다면 병원에 가서 진료를 받길 바란다.

성기에 상처나 궤양이 있다면 상처가 아물 때까지 성관계를 피하고, 성병이 의심되거나 성병 치료를 받을 때 성관계를 하지 않아야 한다. 혹 성관계를 맺는 상대가 성병이 의심된다면 상대자와 함께 의사의 진료를 받고 같이 치료받아야 한다.

지속적인 관리가 가장 좋은 예방법

성병을 예방하는 방법은 사실 매우 간단하면서도 명확하다. 감염 경로 자체를 차단하는 것이다. 특히 감염되지 않은 상대방 외에 다른 사람과의 접촉을 피하면 된다. 가끔 자신이 여러 사람과 성관계를 수없이 했다고 자랑하는 사람이 있는데 본인이 성병 보균자라는 것을 떠들고 다니는 것과 마찬가지다. 전문가들은 아주 한심하게 생각한다.

현재 성관계를 하고 있다면 주기적으로 병원에 가서 검진을 받는 것을 추천한다. 성병이 의심될 때는 즉시 병원을 찾아야 한다. 성병은 전염성이 강하고 재발률이 높지만 다행히 초기 치료를 통해 완화하거나 치유할 수 있다. 연인이 생기면 반드시 병원에 찾아가 성 건강검진을 받자. 그것이 나와 사랑하는 사람을 위한 기본적인 예의이기 때문이다.

여자친구가 자꾸 성관계를 원하는데, 어떡하죠?

"고등학생입니다. 여자친구와 사귄 지 100일이 넘었는데요. 요즘 자꾸 저에게 성관계를 하자고 요구합니다. 저는 아직 싫다고 거절하면 너와 함께 있고 스킨십하는 게 좋은데 나를 사랑하지 않냐, 도대체 뭘 망설이냐고 화를 내요. 혹시나 이것 때문에 여자친구와 관계가 깨질까 봐 걱정됩니다. 이럴 때는 어떻게 해야 할까요?"

상대방의 스킨십과 성관계 문제로 싸우는 연인들을 자주 만난다. 상대방의 일방적인 성관계 요구로 크게 싸우고 대부분 좋지 않게 헤어진다. 가끔 성욕과 식욕을 비교하면서 참을 수 없다고 말하는 사람들이 있는데 헛소리 중의 헛소리다. '식욕'은 '생존'과 직결되는 문제다. 성욕과 비교조차 할 수 없다. 그리고 아무리 배가 고프더라도 함부로 먹을 것을 훔치지 않는다. 사람은 충분히 성욕을 조절하고 참을 수 있다. 성욕을 참는다고 몸에 큰 문제가 생기는 것도 아니다.

성관계는 일방적인 것이 아니라 서로 교감하고 몸과 마음을 나누는 행위다. 성관계 안에 '관계'라는 말이 들어간다. 관계는 사람과 사람이 어떤 방면이나 영역에 관련을 맺고 있다는 뜻이다. 관계는 혼자 이루어질 수 없다. 그러므로 절대 강요해서는 안 된다.

일방적인 성관계를 해서는 안 되는 이유

연인 관계가 나빠지거나 깨질까 봐 원하지 않는데도 성관계를 하는 사람이 있다. 보통 내 몸과 마음에 대해 자유롭고 주체적이지 못하면 타인에게 이끌려간다. 일방적인 요구 때문에 성관계를 한다면 어떨까?

한쪽만 원하는 관계를 맺으면 실제 성관계에서도 집중하지 못한다. 제대로 소통하고 즐길 수 없는 데다 끝나고 후회만 남는다. 따지고 보면 상대방에게는 신체적, 정신적 폭행과 같다. 연인과 충분한 대화를 나누거나 원만한 합의를 하지 않은 상태에서 자신만의 욕구를 강요하는 것은 잘못된 행동이다.

내가 원하지 않는 장소와 시간에 관계를 맺는 것이 과연 좋을지 생각해보자. 내가 원하는 방식이 아닌 타인의 욕구에 의해서만 관계가 이루어진다면 고통스러운 일이다. 이런 가치관이 맞지 않는다면 안타깝지만 헤어지는 것이 낫다. 싸우고 부딪히기 싫어서 문제를 덮어두거나 어설프게 한쪽이 눈감는 것으로 넘겨버리면 나중에 분명 후회할 것이다.

어느 쪽이 무언가를 제공하거나 봉사하는 식으로 성관계를 하는 것은 위험한 행동이다. 서로 만족하고 편안하려면 내가 원할 때 표현하고 맺고 끊음을 자유롭게 선택할 수 있어야 한다.

서로의 몸을 진심으로 존중하자

연인 관계에서 스킨십과 성관계는 친밀한 소통과 교감을 위해 필요하다. 하지만 스킨십과 성적 욕구는 절대 일방적이어서는 안 된다. 성관계를 할 때 자신이 진심으로 하고 싶어서 하는지, 상대방의 요구로 하는지 살펴보자. 나만의 기준이 없다면 상대방에게 수동적으로 휘둘려 원하지도 않는 성관계를 할 수도 있다. 특히 청소년기에는 더욱 조심하고 신중해야 한다.

가장 중요한 것은 '내가 내 몸의 주인이라는 사실을 깨닫는 것'이다. 나만이 나의 몸을 온전히 누릴 수 있고 누구도 나의 몸을 이래라저래라 통제할 수 없다. 내 몸은 상대방의 기분보다 훨씬 더 소중하다. 성관계가 싫다면 하지 않으면 그만이고 이런 걸 강요하는 사람이 있다면 헤어지는 게 맞다. 냅다 걷어차라.

성관계는 서로가 진정으로 원할 때 합의하고 해야 한다. 성관계는 삶을 관통하는 중요한 문제다. 항상 신중히 선택하고 행동하자. 타인을 위해 나를 희생하지 말자. 성관계에 대한 자신만의 '명확한 기준'을 세우고 신중히 행동해야 한다.

생리 중에 성관계하면 임신이 안 되나요?

"생리 중에 피임을 하지 않고 성관계를 했어요. 생리할 때 성관계를 하면 임신이 안 되는 건가요?"

월경 중에 성관계하면 임신이 되지 않을까? 그렇지 않다. 세상에 100% 안전한 피임은 존재하지 않는다. 1%의 확률이라도 나에게 해당하면 100%다.

참고로 그동안 월경은 '생리'로 불려왔다. 생리 이외에도 '그날', '마법', '그것'으로 에둘러 표현했다. 월경을 부끄럽거나 숨겨야만 하는 것으로 인식했기 때문이다. 이런 말보다는 '월경'이라고 표현하는 것이 옳다.

월경 중에도 임신이 될 수 있다

일반적으로 정자는 여자의 몸속에서 보통 3~5일 정도 생존한다. 여성의 난자는 보통 1~2일 정도 생존한다. 다음 월경 예상일로부터 14일을 뺀 여성의 배란일에 앞뒤로 3~4일 정도 성관계를 가지면 남성의 정자와 여성의 난자가 생존한 상태로 만날 수

| 가임기 계산법 |

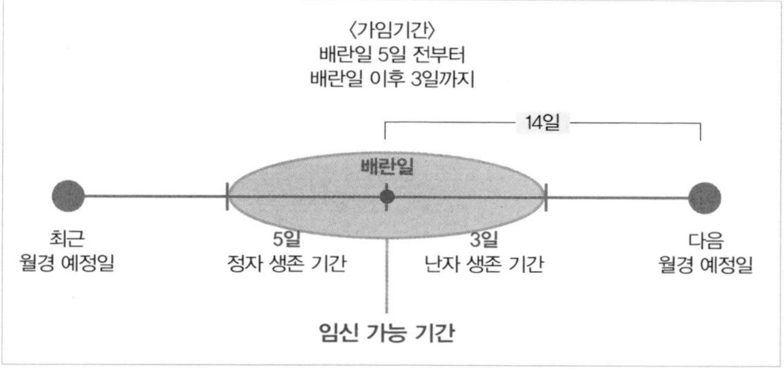

출처 : 사랑아이여성의원

있다. 그리고 수정이 되면 임신이 이뤄진다. 따라서 배란일 전후에 성관계를 하면 임신할 가능성이 크다.

여성의 월경은 보통 28일 주기로 이루어지는데 15일이나 35일 주기로 아주 불규칙한 여성도 있다. 월경이 불규칙한 여성과 남성의 건강한 정자가 만나면 월경 중에도 임신이 될 수 있다. 이 같은 사실을 정확하게 알고 피임 계획을 세워야 한다.

월경 중 성관계는 임신뿐만 아니라 세균 감염에도 취약하다. 산부인과 전문의에 따르면 월경 중에는 포궁(자궁) 내막이 탈락하면서 질 내부가 약해지고 작은 자극에도 상처가 날 수 있다고 한다. 세균 감염이 쉽게 일어날 수 있는 것이다. 질벽이 얇고 포궁(자궁) 경부가 미세하게 열려 있는 시점이기 때문에 외부 바이러스가 들어오면 취약하다. 상대방의 균뿐만 아니라 내 몸에 있는 대장균, 단순 질염균 등으로 염증이 쉽게 생길 수 있다. 임신

| 피임약 복용 예시 |

출처: 머시론

또는 세균 감염을 조심하기 위해서는 콘돔이나 피임약을 통해 반드시 피임을 해야 한다.

피임약의 종류

피임약은 두 종류가 있다. 사전피임약(경구피임약), 사후피임약(응급피임약)이다.

사전피임약(경구피임약)

경구피임약, 곧 먹는 피임약은 여성의 몸 안에서 월경 및 임신을 가능하게 하는 두 가지 호르몬인 에스트로겐과 프로게스테론이 함유되어 있다. 여성의 배란 및 월경을 조절해 피임을 가능하게 한다.

피임약은 먹는 방법이 중요하다. 다음 달에 피임을 원하면 이번 달 월경이 시작된 날부터 5일 이내에 시작하여 매일 한 알씩 약을 먹어야 한다. 일반적으로 21일간 일정한 시간에 복용 후 7일간의 휴약기를 가지는 것을 원칙으로 한다. 휴약기 동안에는 월경이 시작된다.

하루 깜빡하고 약을 먹지 않았을 경우 12시간 내 2알을 먹어야 한다. 2일 이상 잊었을 때는 피임 실패율이 높아진다. 한 주기용의 피임약을 다 먹은 후 기다리면 월경이 곧 시작된다.

피임약은 임신을 막아줄 뿐만 아니라 월경통을 줄여주고 불규칙한 월경주기를 조절해준다. 월경의 양을 줄임으로써 장기적인 과다 월경으로 발생할 수 있는 철 결핍성 빈혈을 예방하는 효과도 있다. 하지만 부작용도 있다. 특히 35세 이상 흡연자에게는 위험하다. 흡연은 경구피임약으로 인한 혈전 등 심혈관계 부작용 위험을 높이는데, 35세 이상 여성에게는 이러한 위험이 더욱 현저하게 커지기 때문이다. 피임약도 의사 또는 약사와 충분히 상담한 후에 복용하자.

사후피임약(응급피임약)

성관계를 가진 후에 임신을 피하고자 먹는 약이다. 고용량의 여성호르몬을 먹음으로써 난자와 정자가 만나 수정된 수정란이 자궁벽에 착상하지 못하도록 한다. 사전피임약과 다르게 약국에서 구매할 수 없으며 의사와 상담 후 처방받아야 한다.

응급피임약은 관계 후 최대한 빨리 복용해야 한다. 시간이 지남에 따라 성공률이 줄어들기 때문이다. 보통 성관계 이후 12시간 이내에 복용하는 것을 권장한다. 통계적으로 응급피임약은 24시간 이내에 복용할 경우 성공률이 약 95%이며 이후 48시간

이내에 복용할 경우 85%로 약 10% 감소한다. 한편 72시간 이내에 복용했을 때는 58%로 급격하게 성공률이 감소한다.

응급피임약은 일반 피임약보다 호르몬 함량이 약 10배 이상 높다. 체내 호르몬 농도를 갑자기 폭발적으로 증가시켜 착상을 방해한다. 여성의 월경주기 자체를 바꾸기도 하고, 그 외 부정 자궁 출혈, 배란 장애의 부작용이 있을 수 있다. 고용량의 호르몬을 복용하는 것이므로 되도록 자제할 것을 권한다. 이 방법은 말 그대로 응급 상황에서만 사용해야 하며 일반적인 피임법으로 남용되어서는 안 된다.

월경 중에는 되도록 성관계를 피하는 것이 좋다. 어쩔 수 없이 성관계를 해야 한다면 반드시 '콘돔'을 착용하자.

성관계를 했는데 여자친구가 생리를 안 해요

"얼마 전에 여자친구와 성관계를 했습니다. 그 당시 콘돔을 착용하지 않고 질외 사정을 했습니다. 그런데 여자친구가 생리할 때가 되었는데 일주일이 지나도 하지 않는다고 해요. 이거 혹시 임신인가요? 너무 불안합니다."

청소년들에게 임신에 관한 상담을 자주 받는다. 살 떨리고 불안한 심리가 톡으로 구구절절 느껴진다. 혹시나 여자친구가 월경을 하지 않더라도 처음부터 너무 걱정하거나 불안해하지 말자. 월경을 하지 않는 이유는 워낙 다양하기 때문이다. 그 이유만 알고 있더라도 불안감이 조금이라도 줄어들 것이다. 불안한 마음을 조금 가라앉히고 차분히 대처하면 된다.

여성이 월경을 하지 않는 이유

스트레스와 불규칙한 생활

월경불순이 생기는 원인 중 하나는 과도한 스트레스다. 식습관이 바뀌거나 몸무게가 갑자기 변하는 것도 월경불순의 원인이 된다. 특히 10대들은 호르몬 불균형 때문에 월경이 불규칙할 수 있다. 성관계 이후 "월경을 안 하면 어떡하지?", "임신하면 어떡해?" 등 극심한 불안과 걱정으로 스트레스와 압박에 시달리면 월경을 하지 않을 수 있다. 이런 불안한 생각에 스트레스를 받으면 몸이 호르몬 변형을 일으켜 월경이 늦는 것이다.

포궁(자궁) 질환

다낭성난소증후군이나 자궁내막증 등 자궁 관련 질환이 있는 경우 월경주기가 들쑥날쑥할 수 있다. 평소 월경통이 너무 심하거나 1년 동안 월경 횟수가 8회 미만인 경우, 주기가 35일 이상으로 긴 경우, 3개월 이상 무월경이라면 이상이 없는지 초음파 검사를 받아봐야 한다. 이런 질환으로 인해 월경을 하지 않을 수 있으므로 미리 발견해서 적절한 치료를 받는 것이 좋다.

임신 가능성

임신을 하면 월경을 하지 않는다. 성관계 이후 월경을 하지 않으면 임신 여부를 생각해야 한다. 특히 배란일(월경이 끝나고 2주 후)에 성관계를 하거나 콘돔을 사용하지 않았다면 반드시 임신을 의심해봐야 한다. 임신의 위험성은 365일 항상 열려 있다.

성관계를 했다면 임신에 대한 가능성을 배제해서는 안 된다. 임신 여부는 본인이 느끼는 주관적인 증상이 아니라 소변검사나 혈액검사, 초음파 검사 등 객관적인 방법을 통해 확인해야 한다. 어렵지 않게 확인하는 방법으로 임신 테스트기가 있다.

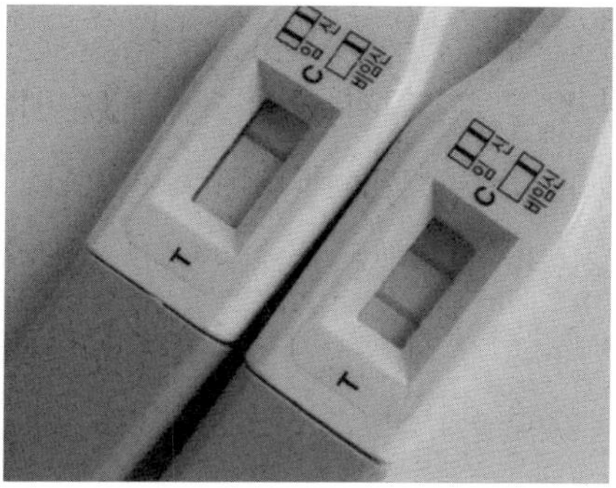

임신 테스트기

임신 테스트기 사용하기

임신이 의심된다면 임신 테스트기를 사용하거나 병원에 가서 확인해야 한다. 임신 테스트기는 약국뿐만 아니라 편의점에서도 판매한다. 임신 여부는 성관계 후 약 2주 뒤 아침에 첫 소변으로 검사하는 것이 가장 정확하다. 임신호르몬이 가장 농축되어 있기 때문이다.

임신 테스트기는 산부인과에 가기 전 임신 사실을 빨리 확인할 수 있는 장점이 있다. 하지만 소변으로 나오는 임신호르몬이 양성으로 검출되지 않을 정도로 너무 적거나 너무 초기라면 임신 테스트기에 표시되지 않을 수 있다. 이럴 때는 월경 예상일에 맞춰 다시 검사해야 한다. 또는 좀 더 일찍 임신 여부를 알고 싶다면 병원에 가서 피검사를 해보면 된다. 임신 테스트기에서 임신하지 않은 것으로 나왔더라도 병원에 가서 정확하게 진단해보는 것이 좋다.

성관계할 때는 반드시 '피임'을 하자

성관계 후 월경을 안 한다는 상담을 받을 때마다 다음에는 반드시 '피임'을 하라고 입이 터지도록 강조한다. 같은 사람이 또 피임하지 않고 성관계를 하고 임신 상담을 요청하는 경우도 있다. 시간을 다해 상담해줬는데 똑같은 행동을 하는 것을 보면 속상하고 답답할 따름이다.

성관계를 할 때 피임조차 하지 않고 과연 서로 사랑한다고 말할 수 있을까? 사랑이라는 핑계로 서로에게 무책임한 행동을 해서는 안 된다. 그러다 성병에 걸리거나 임신이 되면 서로 책임질 수 있는지 곰곰이 생각해보아라. 그래서 성관계는 신중하게 계획하고 준비하는 것이 중요하다. 연애 이전에 서로의 몸을 존중하는 기본 됨됨이부터 갖추자.

애당초 이런 상황을 만들고 싶지 않다면 피임을 하고 성관계를 하거나 아예 성관계를 하지 않아야 한다. 우리는 성교육을 통해 '나를 사랑하고 내가 사랑하는 사람을 가장 올바르게 사랑하는 방법'을 배운다. 성관계를 하게 된다면 나와 사랑하는 사람을 위해 제발! 반드시! 부디! 피임하자.

에필로그

성교육은 아이에게 가장 위대한 유산을 물려주는 것이다

최근 운동선수부터 연이어 터진 학교 폭력, 성폭력 문제는 성교육과 인성교육, 인권교육이 왜 중요한지 여실히 보여주었다. 서울, 부산 시장 성폭력 사건도 이와 같은 맥락이었다. 그동안 힘겹게 쌓아 올린 모든 것이 한 번에 무너질 수 있다는 것을 알 수 있었다.

세계적인 투자가로 존경받는 워런 버핏은 다음과 같이 말했다. "명성을 쌓는 데는 20년이란 세월이 걸리지만, 명성을 무너뜨리는 데는 채 5분도 걸리지 않는다. 그걸 명심한다면, 당신의 행동이 달라질 것이다."(It takes 20 years to build a reputation but five minutes to ruin it. If you think about that, you'll do things differently.)

우리는 지금 인성의 시대에 살고 있다. 인성이 바탕이 되지 않는 공부와 실력은 모래성을 쌓는 것과 같다. 휘몰아치는 파도에 언제든 한방에 무너질 수 있다. 이런 인성과 인간관계에 가장 영향을 크게 미치는 것이 바로 '성교육'이다.

성교육이 인성에 중요한 이유는 생활 속에서 배우는 기본 생활 습관을 바탕으로 하고 있기 때문이다. '아무 데서나 옷을 함부로 벗으면 안 되는 이유, 서로를 존중하고 배려하는 말을 해야 하는 이유, 상대방을 만질 때 동의를 얻어야 하는 이유' 등 모두 기본적인 생활 교육을 바탕으로 하고 있다.

성교육은 기본적으로 인간관계에 대해 다루고 있으며 인성을 형성하는 데 크게 영향을 미친다. 아이가 가장 많이 영향을 받는 곳은 가정이다. 성교육을 통해 아이에게 건강하고 탄탄한 인성의 성을 쌓도록 하자. 아이에게 건강한 성 가치관을 전달하는 것은 '인생에서 가장 위대하고 아름다운 유산을 물려주는 것'이다.

실패는 '실력이 느는 패턴'이다

강의 때마다 말하지만 사실 성교육에는 정답이 없다. 똑같은 말을 해도 사람, 나이, 자신의 처한 상황에 따라 다르게 받아들인다. 그래서 이 책에 나온 내용은 참고사항이며 나의 정답이 아닌 '여러분'의 정답을 찾아가기를 바란다.

성교육할 때 실패할까 봐 걱정하는 양육자들이 있다. 한 번도 시도해본 적 없었던 성에 관한 이야기 꺼내는 게 어렵다고 한다. 영어로 성교육하는 꿈을 이루기 위해 영어 학원에 다닌 적이 있었다. 나는 완벽주의에 심취해 영어 말하기를 실수할까 봐 첫 말을 꺼내는 것조차 힘들어했다. 그 학원의 이민호 대표는 '실패는 실력이 느는 패턴'이라고 말했다. 영어 실패를 두려워하지 말고 실력이 느는 패턴이라 생각하라며 용기를 주었고 덕분에 영어로 발표까지 할 수 있었다.

나는 성교육도 영어와 마찬가지라고 생각한다. 행여 원하는 대로 잘 안 돼도 그 과정들을 통해 경험치가 쌓이고 실력이 는다. 잘하지 못해도 실패라고 생각하지 말고 실력이 늘고 있다고 생각하라. 아무것도 하지 않으면 아무것도 일어나지 않는다. '여러분이 이렇게 책을 읽고 시도한 것 자체가 매우 큰 의미가 있는 것이다.' 아는 만큼 느끼고, 느끼는 만큼 분명 배우는 것이 성교육이다.

양육자의 무한한 지지와 사랑의 중요성

고등학교 3학년에 간절히 원하는 체육 대학교에 들어가고 싶어 체대 입시 학원에 다녔다. 그 학교 하나만 바라보고 미친 듯이 운동에 전념했다. 그러나 운동 도중에 실수로 허리를 삐끗해 간절히 원했던 대학교의 실기 시험장도 가지 못했다.

그때 당시 허무와 절망의 늪에 빠져 자책하고 힘들어했다. 이렇게 힘들어하는 나를 보면서 엄마는 단 한 번도 화내거나 핀잔을 주지 않았다. 어느 날 엄마는 마장동 축산시장으로 가서 최상급 A+ 한우를 구입했다. 그리고 소고기를 맛있게 구워주며 이렇게 말했다.

"석원아, 많이 힘들지? 사람은 누구나 실수할 수 있어. 실수를 통해 배우고 그 이후에 더 멋지게 성장하면 되는 거야. 엄마는 우리 석원이 편이야. 우리 함께 힘내자! 맛있게 먹어!"

그때 먹었던 감동과 사랑의 소고기의 맛을 지금도 잊을 수가 없다. 엄마의 이런 무한한 지지 덕분에 나는 재수를 해서 내가 원하는 체육학과를 입학했다. 대학 생활을 하면서는 4연속 1등 전액 장학금을 받았다.

이 일을 계기로 나는 어떤 일이든 엄마와 편하게 대화를 나누고 성에 관해서도 소통할 수 있었다. 성교육은 결국 소통과 대화에 대한 교육이다. 이렇게 양육자의 끝없는 지지와 사랑이 있다면 아이들은 양육자를 믿고 성에 관해서도 소통할 수 있을 것이다.

성교육은 아이에게 가장 위대한 유산을 물려주는 것이다

마지막으로, 이 책이 나오기까지 고마운 분들에게 감사의 마음을 전한다. 우선, 예나 지금이나 내 전부이자 창조주이신 살아계신 하나님께 감사드린다. 하나님의 이 세상에 사랑을 전하기 위해 예수 그리스도를 보내셨다. 나도 '사랑'의 마음을 본받아 세상에 선한 영향력을 전할 것이다.

내 끝없는 긍정 에너지와 힘의 근원에는 우리 가족이 있다. 우주보다 더 넓고 깊은 엄마, 아빠, 형에게 고마움을 전한다. 이번에 《딸아 성교육 하자》 책을 출간한 나의 멋진 동역자 자주스쿨 김민영 대표, 함께하는 슈퍼삐야! 우리 문성은 책임 강사님, 하예린, 김채원 강사님, 자몽님들도 감사를 드린다.

20년 넘게 성경 공부를 하며 나를 나답게 성장시켜준 내 인생 최고의 멘토 나현도 목사님께 감사드린다. 솔직하고 따뜻한 여행자 '사람 더하기 사람은 사랑'을 알려준 20세상 권기삼 단장님에게도 감사드린다. 또 한 번 책을 쓰게 기회를 준 출판사 라온북과 조영석 소장님 외 관계자분들에게 감사드린다.

지난 책에 이어 이번에도 책을 쓸 수 있었던 이유는 전국 어디서든지 열렬히 응원해주는 대중과 양육자님들 덕분이다. 이 자리를 빌려 온 마음 다해 뿅뿅뿅! 진심으로 감사드린다.

이 책을 읽은 여러분 모두 '아름답고 사랑받기 위해 태어난 존재'라는 사실을 잊지 않길 바란다. 자녀와 행복한 순간을 만들기를, 나의 슈퍼 필살 엔젤미남 기운을 담아 깐따삐야! 응원한다. 아이에게 건강한 성교육이라는 가장 위대한 유산을 물려줄 여러분을 진심으로 응원한다.

> 사랑하는 자들아 우리가 서로 사랑하자 사랑은 하나님께 속한 것이니 사랑하는 자마다 하나님께로 나서 하나님을 알고, 사랑하지 아니하는 자는 하나님을 알지 못하나니 이는 하나님은 사랑이심이라
>
> – 요한일서 4장 7~8절

2021년 5월, 우주에서 단 하나뿐인 아름답고 사랑받는 존재

이석원

성교육·성상담 전문 기관 '자주스쿨'을 소개합니다

자주스쿨이란?

자(自)주(主): 자유롭게 생각하고, 주체적으로 살아가다.

자주스쿨은 유아부터 노년까지 전 생애에 걸쳐 바른 성지식 습득과 성 의식 제고를 도와 사회의 밝고 안전한 성문화 정착을 이끌어가는 성교육·성상담 전문 기관이다. 성교육의 대중화를 목표로 하고 있으며, 전국에 있는 전 연령을 대상으로 교육과 상담을 진행하고 있다.

자주스쿨 프로그램 소개

1. 개인 성교육 컨설팅

상황에 따라 개인적인 상담 및 교육이 필요한 분들을 대상으로 전문적인 컨설팅을 진행한다. 기본적인 성교육뿐만 아니라, 성과 관련된 심리적 어려움이나 고민을 전문가와 함께 해결해 나갈 수 있도록 돕는다.

2. 소그룹 성교육

8세부터 19세까지 2~6명의 또래로 구성된 소그룹으로 진행하는 성교육이다. 일반 성교육과 달리 교육 대상의 성장 상태, 지식수준에 따라 필요에 맞는 적절한 교육을 진행한다.

자녀 성교육과 양육자 피드백 시간을 합쳐 총 100분 동안 진행한다. 장소는 자주스쿨에서 하거나 출장 교육도 가능하다. 교육자와 학습자 간의 상호작용이 원활해 단체 성교육보다 더 실질적이고 효과적이다.

3. 양육자 소그룹 성교육

단체가 아닌 개인이 원할 때 받을 수 있는 양육자 프로그램으로, 최대 8명까지 진행이 가능하다. 자녀 성교육에 대한 고민이 있거나 자녀 성교육을 잘하고 싶은 양육자를 위한 소그룹 성교육이다. 지인이나 같은 지역 양육자가 소수 인원을 모으면 자주스쿨에서 또는 출장 교육으로 진행한다. 자녀의 성 질문이나 행동에 대처하는 방법과 자녀 성교육 전반에 대해 구체적으로 교육받을 수 있다.

4. 메타버스 성교육

메타버스 플랫폼을 활용해 성교육을 진행한다. 아동·청소년들이 좋아하는 메타버스를 활용해 흥미를 유발하고 성교육의 효과를 증대시킨다. 양육자들의 경우 어렵고 낯설게 느껴질 수 있는 메타버스 사용법부터 활용법까지 익히도록 한다. 아이들뿐만 아니라 어른에게도 메타버스 안에서 성에 관한 대화와 소통을 통해 메타버스의 순기능을 경험하게 한다.

5. 특강

기업, 학교, 기관 등에서 다양한 대중을 만나 특강을 진행한다. 횟수, 강의 시간, 주제는 협의 가능하다. 강의 요청자와 대중의 요구를 파악해 만족도 높은 강의를 제공한다.

6. 자주스쿨 성교육 전문 강사 양성 과정

대한민국의 밝고 안전한 성문화 확산을 위해 자주스쿨이 진행하는 성교육 전문 강사 양성 과정이다. 자주스쿨 강사뿐만 아니라 각계각층의 전문가들을 모셔 다양하고 깊이 있는 교육을 진행한다. 특히 성에 관한 민감성을 가지고 사회 흐름을 반영한 교육을 진행하기 위해 노력하고 있으며, 전문성을 갖춘 성교육 강사를 양성하기 위한 전문 과정이다.

문의

전화번호 : 02-583-1230 / **카카오톡** : 자주스쿨 / **유튜브** : 자주스쿨
홈페이지 : jajuschool.com / **네이버 카페** : cafe.naver.com/jajuschool
블로그 : blog.naver.com/jaju_school
주소 : 서울특별시 동작구 동작대로1길 18, 307호

화 잘 내는 좋은 엄마

장성욱 지음 | 14,500원

**이제 제대로 화내고 건강하게 풀자!
아이에게 불같이 화내는 엄마들을 위한 '분노 조절 지침서'**

아이들에겐 죄가 없다. 아이들의 뇌는 아직 발달 중이고, 몸과 마음 모두 자라나느라 벅차 실수와 잘못을 연발할 수밖에 때문이다. 이때 부모가 할 일이란 아이의 실수에 괜찮다고 격려하며 응원해주는 일이다. 이 책은 언제, 어떻게, 어떤 방식으로 아이에게 엄마의 화를 전달할지를 조목조목 알려주며, 부모의 마음도 더불어 살펴볼 수 있도록 돕는다. 아이에게 버럭 소리를 지르고는 죄책감에 시달리는 부모, 어떤 특정한 상황에 유난히 화나는 부모, 자녀에게 제대로 화 한번 못 내는 부모 모두에게 필요한 지침서가 될 것이다.

육아비적성

한선유 지음 | 13,800원

**육아 DNA가 실종된 곰손 엄마의
좌충우돌 육아 비적성 고백기**

17년차 베테랑 초등교사가 임산과 출산, 육아를 거치며 자신이 이 일에 적성이 아님을, 완전한 아마추어이자 앞으로도 프로페셔널이 될 일은 없을 것임을 실감하는 처절한 체험기이자 육아 비적성인 세상의 많은 엄마들에게 음지에서 자책감에 떨지 말고 양지로 나와 당당히 육아 비적성을 외치자고 독려하는 응원의 메시지다.육아가 비적성인 사람들이여, 못한다고 자책 말자. 못하는 게 아니라 적성에 안 맞는 것뿐이니. 엄마가 힘들면 아빠가 하면 되고, 그것도 힘들면 원장님이 하면 된다.무엇을 선택하든 옳은 선택이다.